子どもが育つ

からだのしつけ

玉木志保美
Shihomi Tamaki

はじめに

「赤ちゃんと小さな子どもたちのからだに、異変が起きている」

そう感じるようになったのは、ここ10年くらいのことです。

これまでいろんなタイプの「からだのゆがみ」を持った子どもたちを診てきましたが、最近の子どもたちは、全体的に同じようなゆがみを持ち、同じような症状を訴えるようになった、と気づいたのです。

その原因はなにかと考えたら、最近の子育て事情の変化にいきあたりました。


ベターっと開脚するタイプの抱っこひも。

早い時期から始めなさいと指導される離乳食。

赤ちゃんを思う存分泣かせられない住宅事情。

保育園や幼稚園で推奨されるやわらかい靴……。


これらはすべて、子どものからだをある方向にゆがませていきます。そして、ゆがんだからだは、アトピーやぜんそく、さまざまなアレルギーなど、現代病といわれる病気につながっていきます。


子どもにいい教育を受けさせたい。将来目指す道に進める知力をつけさせたい。どの親御さんもそう願っていることでしょう。

けれども、長年子どものからだを診てきた私は、学力や知力よりも大事なのは、「からだのしつけ」だと感じています。

なぜなら、何歳からでもスタートできる勉強と違って「からだのしつけ」は子どものころにしかできず、しかも、そのしつけがその子の一生を左右するからです。

からだのしつけは、学力や知力にも大きな影響を与えます。

正しい姿勢で座り、立ち、歩くことができる子どもは、自然と集中力が高まり、ものごとに継続して取り組める子どもに育ちます。勉強もできるようになりますし、自信も高まります。

そのための「からだのしつけ」は、13歳くらいまでにおおよそ決まってしまいます。とりわけ、軟骨が固まってくる3歳までがもっとも重要です。

最近では、あきらかにおかしな足の使い方でハイハイする赤ちゃんがいても、保健師さんは指導をしてくれなくなっています。また、おかしなハイハイの子のほうが多くなってしまったために、正常なハイハイを見て「この子のはい方はおかしい」という保健師さんすらいます。

以前は電車に乗ったとき、シートに座る若者の足の向きや、駅のホームでの立ち方を見て「ああ、今は大丈夫でも10年後、20年後はきっとからだを壊すだろうな」と勝手な心配をしていましたが、最近は赤ちゃんのハイハイやよちよち歩きを見ても、この子の10年後、20年後は大丈夫だろうかと心配するようになってきました。

今の子どもたちのからだの状態を見ていると、将来、からだを壊し病気を招いていく様子が容易に想像できます。実際、10代から膝に痛みを抱えたり、ヘルニアになったりする子どもたちも少なくありません。意外に思うかもしれませんが、ぜんそくやアトピーも「からだのしつけ」とおおいに関係しています。

そうならないための方法をお伝えするのが、骨格の調整を生業としてきた私にできることではないか。このことが、本書を執筆する動機となりました。

「しつけ」とは礼儀作法を教えることですが、一度覚えてしまえばそれは当たり前のこととして身についていきます。

「からだのしつけ」も同じです。乳幼児のうちに、正しい骨の位置、正しい姿勢を身につけさせれば、それは一生の財産になります。

勉強に集中する力も、ポジティブで素直な心も、からだのしつけがあってこそです。あやまった情報にまどわされず、大切なお子さんのからだを守ってあげてください。

そして、一生使える、壊れないからだを与えてあげてください。

目　次

第1章　「からだのしつけ」が、子どもの将来を決める

第2章 多くの勘違いが現代の子どものからだをゆがめている

第3章 開脚型抱っこひもで、赤ちゃんのからだが壊れていく

第4章 「泣きあやし」を急ぐと病気を招く

第5章 離乳食を急いではいけない

第6章 丸ませ寝が骨をゆがませる

第7章 靴は硬ければ硬いほうがいい

第8章 スポーツは楽しむ程度が一番よい

第1章

「からだのしつけ」が、子どもの将来を決める

01

親にできることは、元気な根を育てること

みなさんは、お子さんをどんなふうに育てようと思っていますか？　あるいは、どんなふうに育ってほしいと思っていますか？

あるセミナーで、お母さんたちにこのような質問を投げかけると、いろんな答えが返ってきました。

「とにかく丈夫で優しい子に育ってほしい」
「勉強も運動もできる子になってほしい」
「人の役にたつような仕事についてほしい」

なかでも印象的だったのが、

「この子の才能を伸ばすために親ができることはなんでもしてあげたい」

ということばでした。

きっと、多くの親御さんが、このお母さんと同じような気持ちでお子さんの成長を願っていることでしょう。

私も2人の子どもを授かり育ててきましたので、このような親御さんの気持ちはとてもよくわかります。


そして、その気持ちがわかるからこそ、正しいからだのしつけについて、親御さんたちにお伝えしなくてはと思うようになりました。

なぜなら、勉強ができるかどうかも、将来成功するかどうかも、幼いころの「からだのしつけ」次第だからです。

生まれたての小さな子どもには無限の可能性があります。けれども、それは、「土台」があってこそ。

大地に植えられた木が大きく育ってたくましい葉や実をつけるためには、地中にしっかりと根を張っている必要があります。

「からだ」という「土台」があってこそ、学力も知力も花咲かせ、実を結ぶことができるのです。

親御さんがお子さんに与えてあげられるのは、この先何十年も豊かな実りをつけられるための、土台となる根を作ってあげることではないでしょうか。

02

「勉強ができる」も「将来の成功」もからだ次第

私は京都と東京青山で、30年以上にわたって、のべ6万人の患者さんのからだを診てきました。

私の専門は、「骨を動かす」施術です。膝や腰の痛み、肩のこりなどは、骨を正しい位置にリセットすることで消えていきます。文字通りはうようにしてサロンへいらした患者さんが施術後歩いて帰っていかれることは、日常茶飯事です。

さらに、手術が必要とされるような重い心臓の病気、手術では治らないといわれてしまった重症の腰痛であっても、患者さんの骨を正しい位置に戻していくことで変化させることができます。

SHITSU
KE
SHITSU
KE

そうしたこともあり、どちらのサロンも完全紹介・予約制なのですが、なかなか新しい患者さんを受けつけられない状態が何年も続いています。

日本を代表する企業の経営者や、政治家、芸能人やスポーツ選手など、いろんな分野の一線で活躍する方々もお見えになります。

新生児から100歳近い人たちまで、幅広い年齢の人たちのからだを診てきたからこそ、ひとつ断言できることがあります。

それは、**子どもの将来は、幼いころの「からだのしつけ」で決まる**ということです。

学力も知力も体力も集中力も、からだがきちんとしつけられているかどうかで、決まっていくのです。

03

あなたのお子さんは大丈夫？ からだのチェックポイント

もし、ご自分のお子さんを頭のいい子に育てたいと思っているのであれば、早期教育に力を入れるのもいいのですが、まずは、お子さんのからだをよく観察してみてください。

ハイハイのとき、左右の蹴りかたに差はありませんか？
バンザイさせたとき、耳より後ろに腕がいきますか？
目の高さ、耳の高さは左右そろっていますか？
左右の顔の大きさは同じくらいですか？
寝かせたとき、胸が高くハト胸になっていませんか？

寝ているとき、下腹部（おへそのあたり）が動かない呼吸をしていませんか？
寝たときに膝頭が真横を向いていませんか？
うつ伏せになったとき、足先が外側に広がっていませんか？

座ったり歩いたりできるようになったら、次のことも見てみてください。

座るときにからだがどちらかに偏っていませんか？
猫背になっていませんか？
トンビ座り（下図）をしていませんか？
靴底が片方だけすり減ったりしていませんか？
自分の足につまずいて転んでいませんか？

もし、どれかひとつでも当てはまることがあれば、それは危険信号です。これらの特徴は、すでにそのお子

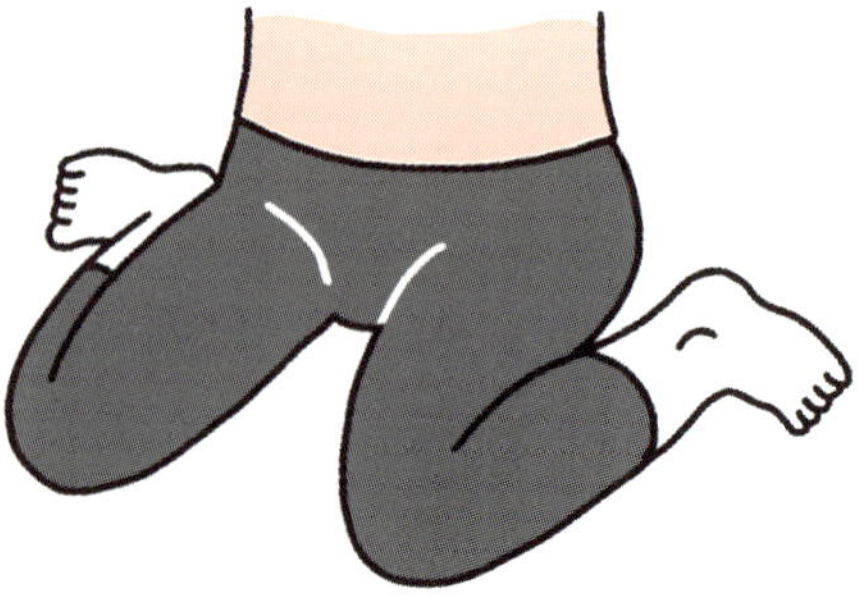

さんのからだにゆがみが生まれ始めている証拠です。すぐにでも、からだを正しくしつけ直しましょう。

「たかが、からだのゆがみ」「そんなに大げさに考えなくても」と、思うかもしれません。

けれども、何時間も勉強したり、読書に集中できる子は、からだにゆがみがなく、一様に姿勢のいい子ばかりです。

逆に、姿勢が悪い子は、あちこち気が散ってひとつのことに集中できません。

有名塾の先生に聞いても、学校の先生と話しても、姿勢のよさと成績のよさはほぼ比例するといいます。

また、なにをやっても自信のない子が、姿勢をよくすることによって、劇的に変化する様子を私自身、何度も目の当たりにしてきました。

具体的には、姿勢をよくすると、次のような変化があります。

・集中力がつく
・持続力がつく
・行動が俊敏になる
・自信が持てるようになり、精神が安定する
・内臓の働きがよくなり、健康的になる
・精神やからだのバランス感覚が鋭くなる

子どものころに正しい姿勢をしつけることとは、単に背筋が伸びて見栄えがよくなるだけではありません。お子さんの学習意欲や、自信にもつながっていくのです。

あなたのお子さんの姿勢は、大丈夫ですか？　からだにゆがみはありませんか？

04

「からだのしつけ」が将来を左右する

将来、一流の仕事人になって成功してほしい、世の中に求められて活躍する大人になってほしいと思うなら、なおさら、からだのしつけが重要です。

私はこれまで、多くの政財界人、芸能人のからだを診てきました。

一流といわれる仕事をする彼らに共通しているのは、とても「性質のよいからだ」を持っているということです。

仕事ができる人たちは、姿勢がよく、パワフルに働いても疲れにくいバランスのいい筋肉を持っています。からだがやわらかく、それに正比例するように心も素直で柔軟な人たちばかりです。そして、どんな過密スケジュールで働いていても、からだを壊すことがほとんどありません。

それは、彼らが「性質のよいからだ」を持っているからです。

仕事で成功するためにはいろんな資質が必要ですが、そのなかでもこれが一番重要だといえるのが「からだ」です。

たとえてみるなら、からだは乗り物のようなものです。

どんなに素晴らしい知識や経験というプレゼントを与えてあげても、からだという乗り物が壊れていたら、前に進みません。いいからだを持っているからこそ、与えられた知識や経験が活き、馬力のある仕事ができるのです。

将来希望する学校に入るためにも、どんな職業で活躍するためにも大切な「一生使えるからだ」を、お子さんに渡してあげたいですよね。

そう思えばこそ、からだのしつけは、なによりも大事なのです。

05 からだのゆがみが病気を招く

勉強ができる、できない。仕事で成功できる、できない。からだが司っているのはそれだけではありません。

一般的には、こちらのほうがよく知られていることですが、からだのゆがみは、あらゆる病気とつながっています。

とくに背骨は、骨ごとに、手や足はもちろんあらゆる臓器に至るまで全身に影響を与えています。病気の98パーセントは背骨のゆがみからくるといわれているくらいです。

たとえば、頸椎2番といわれる首の骨がゆがむと、アレルギーや副鼻腔炎、眼の障害になりやすくなります。胸椎9番といわれる肋骨の横あたりの背骨がゆがむと、アトピーやじんましんが出やすくなります。

気管支ぜんそく、アレルギー性鼻炎、アトピー性皮膚炎などを繰り返すことは、アレルギーマーチなどといわれ、どれかが治ると次の症状が出てくることが多いのですが、これらも骨のゆがみと密接に関わっています。

そして、驚かれるかもしれませんが、そのゆがみは0歳から始まっているのです。

06

からだのゆがみは0歳から始まる

0歳の赤ちゃんを見ると、すでに、それぞれのからだに「クセ」があることに気づきます。

たとえば、ある赤ちゃんの足の指は、いつもじゃんけんのグーを作るように丸まっていました。そのことをご両親に指摘すると、お父さんが「あ！俺と同じだ」とおっしゃいました。聞けばそのお父さんは、ソファーに座っているときも、寝ているときも、ぐっと足の指先を握りしめるクセがあるのだそうです。赤ちゃんも、お父さんとよく似た足のクセを持っていました。

足の指をぎゅっと握りしめるくらいなんでもないと思うかもしれませんが、足はからだ全体を支える土台です。その土台がゆがむと、膝、股関節、腰へとゆがみが広がっていきます。先ほどの赤ちゃんの場合は、将来腰椎4番という部分がゆがみ、腰痛持ちになってしまう可能性がありました。実際、同じクセを持つお父さんは、重い腰痛持ちでした。

また、あるお母さんは「うちの子は、背中に天使の羽が生えているんです」といって、生後1週間のお子さんを連れてきました。

「天使の羽ってなんだろう？」と思ってよく見ると、その赤ちゃんは肩が前にぐっと出て巻き肩になっており、肩甲骨が後ろに飛び出していました。その飛び出した肩甲骨を見てお母さんは「かわいい、天使みたいだ」と喜んでいたのですが、とんでもないことです。胸を見ると、肋骨が持ち上がってしまって、肺に空気がほとんど入っていませんでした。

こういった赤ちゃんの手をバンザイさせようとしても、耳より後ろに手がいきません。人は、歳をとると手をあげにくくなり、バンザイした手を後ろに持っていけなくなるものですが、その赤ちゃんは、生後1週間で老人の腕のような状態になってしまっていたのです。

そのまま放置しておくと、まず間違いなくぜんそくになりますし、将来的にはリウマチや膠原病になってしまう可能性も高くなります。

このように、からだのゆがみは、0歳から始まっています。

そして、**からだをしつけずに放置しておくと、そのゆがみはどんどん大きくなっていきます。**

生後半年、1年、2年たつと、からだのクセやゆがみはより強くなってきます。

たとえば、ある赤ちゃんは甲をすべらせハイハイをするのではなく、両足の親指側の力だけを使ってハイハイをしていました。聞くと、その子だけではなく、上のお姉ちゃんも同じようなハイハイの仕方をしていたそうです。

このはい方を続けていると、遠からず恥骨があがり、女の子であれば将来妊娠しにくいからだになりますし、男の子であれば前立腺肥大などの病気につながります。

ある5歳の男の子は、つちふまずがまったくなく、右膝と左膝がいつもぶつかっていました。すでにX脚が相当進んでいるのです。

このようなお子さんたちは、痛みや病気があって私のもとにきたわけではありません。なんの自覚症状もなく、日常生活に支障がなくても、すでにからだがゆがみ始めているお子さんが本当に多いのです。

私の見立てでは、おそらくほとんどすべての子どもが、なんらかのからだのゆがみを持っています。それを放置してゆがみが強くなっていくと、からだを壊していきます。

そして、あとで詳しくお話ししますが、**そのゆがみ方は、いくつかの理由によって、10年前よりもあきらかに深刻になってきています。**

07

親のクセも病気も〝遺伝〟してしまう

先ほどの天使の羽が生えているといった方もそうですが、「ハイハイの仕方が他の子と違ってかわいい」とか、「歩き方が他の子と違ってかわいい」と親御さんがいうときは、要注意です。

たいていそのお子さんのからだにはすでになんらかのゆがみが出始めていて、そのまま放置すると、病気につながっていきます。

遺伝と思われる不思議な手足のクセや、特徴的な座り方・歩き方などは「わあ、おじいちゃんと一緒でおもしろいね、あはは」となりがちですが、私からすると、とても笑いごとではすまされないケースがたくさんあります。

もし、そのからだのクセが似ているおじいちゃんが、なにか大きな病気にかかっているとしたら、そのお子さんも同じような病気になる確率は非常に高いでしょう。それくらい、からだのクセは骨のゆがみにつながり、病気につながっていくものなのです。

先日も腰痛と股関節痛に悩むお母さんが、4歳の娘さんと一緒にいらっしゃいました。ちょっと見ただけで、そのお母さんのからだは膝が内側に入り込み足先は外向き、むくみも強いことがわかりました。

彼女は床から立ち上がるときに、左の膝を内側に極度に倒し、その左膝に全体重をかけて「よっこらしょ」といったふうに立ち上がるクセがありました。

もちろん腰痛の原因はこれだけではありませんが、そういったからだのバランスを崩す立ち方が、腰痛やむくみにつながっていきます（もしかしたら逆に、からだのバランスが崩れているからその立ち方が楽なのかもしれません）。

そしてよく見ると、一緒にきた4歳の娘さんもまったく同じ立ち方をしています。子どもは気づかないうちに親のクセを真似ているものです。親子や兄弟で同じような病気にかかりやすいのは、こういったからだのクセが似てくるからです。このまま彼女が、お母さんと同じ立ち方を続けていたら、おそらくお母さんと同じように骨がゆがんできて、ひどい腰痛や股関節痛に悩まされるようになるでしょう。

08
からだのしつけは、子どもへの最初のプレゼント

子どもにはあらゆる可能性があります。でも、それは、健康なからだがあってこそのことです。

知識はあとからいくらでも補えますが、**なにをやっても壊れにくいからだを作ってあげることは、子どものうちしかできません。**学力ももちろん大事ですが、それ以上に大事なのは、「一生使えるからだ」を持っていることです。どんなに勉強ができたとしても、それを存分に活かせるからだがなければ、宝の持ちぐされです。

大きくなればなるほどゆがみを矯正するのは難しくなります。小学校に入るまでの間に、正しい姿勢をしつけ、「一生使えるからだ」にしてあげてくだ

さい。

勉強をがんばれる、集中してものごとに取り組める、ねばり強い。これらはすべて「からだのしつけ」から始まります。

平均寿命はますますのび、今20歳の人たちは、100歳をすぎて生きる確率が半分以上といわれています。そしてみなさんのお子さんは、さらに長い年月を生きることが予想されています。

そんな時代に、**子どものうちにしかしつけられない、一生壊れない、一生使えるからだに導いてあげることは、なによりの財産。**親から子どもに与えてあげることができる最大のプレゼントになります。

この本は、そんな親から子どもへの「最初で、そして最大のプレゼント」を与えてあげるために知っておくとよいことをまとめました。

ぜひ、参考にしてみてください。

第2章

多くの勘違いが現代の子どものからだをゆがめている

01

昔の子どもはバラバラにゆがんでいた

先ほど、子どもたちのからだのゆがみが深刻な状態になってきているといいました。でももちろん、昔から、からだのゆがみを持った子どもはたくさんいました。

私がこの仕事を始めたころから、姿勢が悪く、そのことによってからだにトラブルを抱えている子どもは大勢いたものです。

ただ、そのころの子どものからだのゆがみは、100人いたら、100パターンのゆがみ方をしていました。それぞれの家庭における習慣の違いや、遺伝的なクセによって、いろんなタイプのからだのゆがみ方をしていました。

内股の子もいれば、ガニ股の子もいました。足先が内側を向く子、外側を向く子。膝頭が内側を向く子、外側を向く子。これらがバラバラにいたのです。

02

現代の子は似たような ゆがみ方をしている

ところが、このように「多様なゆがみ方」をしていた子どもたちに変化が現れ始めました。

10年くらい前からでしょうか。多くの子どもたちのからだが「似たようなゆがみ方」をするようになったのです。

具体的にいうと、**足先や膝の方向が外側に向く、あるいは、歩きだすとひどいX脚になる「外反足《がいはんそく》」の子どもたちが急激に増えました。**

このような子たちは、歩くときに親指側（つまり足裏の内側）に体重をかけて歩きます。

それから、**仰向けで寝たときに肋骨が飛び出たように高くなり、両手をバンザイするのが難しい骨格の子どもが多くなりました。**

そして、そんな骨格の子どもたちが増えたのと時を同じくして、アトピーや小児ぜんそく、幼少期からの花粉症や、アレルギー性鼻炎など、**いわゆる現代病といわれる病気にかかる子どもたちが増えました。**

これらの病気は、この10年の子どもたちの骨格のゆがみ方と相関関係があるように思います。

たとえば、足先や膝の方向が外側に向く状態で生活をしている外反足の子どもたちには、前屈がしにくい子が多くいます。これは、からだが硬いわけではなく、外反足の状態で生活をしていると恥骨が高くなり、高くなった恥骨が骨盤のゆがみを作り、前屈のじゃまをすることがその原因です。

前屈できないというのは、骨がゆがんでいるということなのです。こういったからだになると、女性の場合はお腹が痛いタイプの生理痛になったり、子宮筋腫ができやすくなったり、妊娠しにくく流産しやすくなります。男性の場合は前立腺に問題が出やすくなります。そして、男女ともに、おしっこが近く、若くから尿もれしやすいからだになります。

妊娠しにくいからだになるのが目に見えている子どもたちが、こんなにも

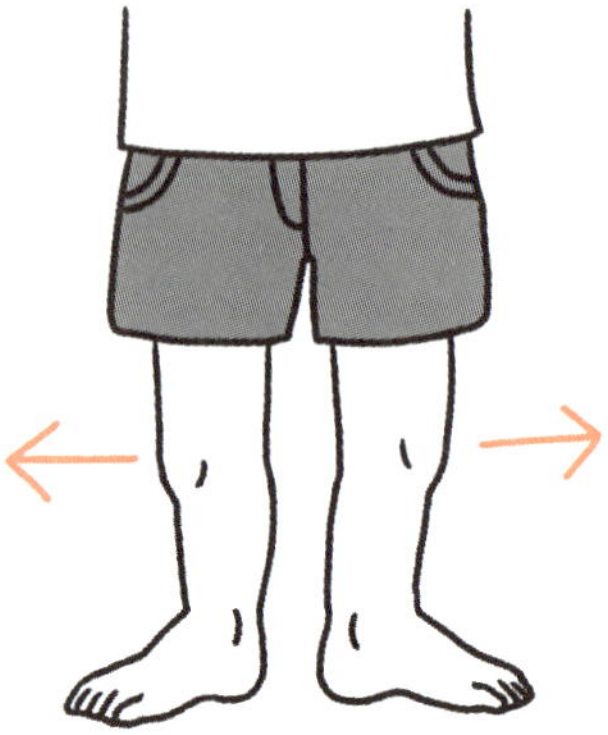

外反足＋O脚

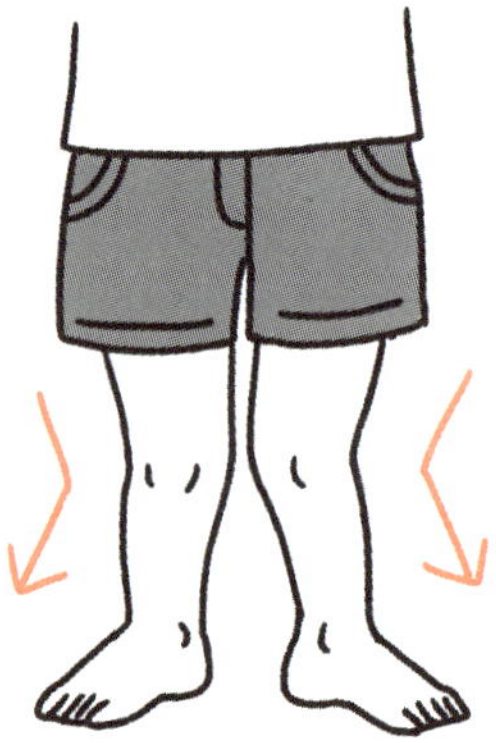

外反足＋X脚

たくさんいる。このままでは将来日本から人がいなくなるのではないかと、私は本気で心配しています。

仰向けで寝たときに、肋骨の位置が高くハト胸のようになっている子は、かぜをひきやすく、また、呼吸器系も弱くぜんそくになりやすくなります。

こういう子どもは、大人になってからもいろいろなトラブルを抱えます。たとえば、鎖骨が埋まってしまうタイプの人は、だいたい肋骨があがっているのですが、そうなると呼吸が浅くなるので、代謝がうまくいかず不調が出てきます。さらに、下腹部が動く腹式呼吸ができないために、腸の硬い、内臓代謝の悪い方を多く見かけます。

美容面でも、胸の位置が高くなっている分太って見え、胸呼吸をすることでウエストのくびれもなくなります。胸の肉が肋骨に引っ張られるので二の腕がぷよぷよになりやすくなり、バストが散って胸が小さくなるという問題もあります。

このように、病気だけではなく、美容の面でも損をするのです。

03

子どものからだがゆがむさまざまな要因

どうしてこのように、同じような骨格のゆがみとそれによる病状を持つ子どもたちが増えたのかというと、いくつかの最近の育児トレンドの影響があると私は考えています。

まずは、ベターっと開脚するタイプの抱っこひも。街を歩いている親御さんたちは、ほとんどの人がこのタイプの抱っこひもを使っていますが、私にとってこれは、子どものからだが壊されていくのを目の当たりにするようなもので、胸が締めつけられる思いがします。

１８０度脚を開いて大人のウエストに脚を巻きつけるような体勢を

長時間幼少期にとらされると、確実に股関節が広がりすぎて恥骨があがっていきます。脚を左右に大きく開かせるタイプのチャイルドシートも同様です。その結果、恥骨があがる子どもが増え、将来にわたってからだの不調に苦労するようになるのです。

これ以外にも、からだを丸まらせて寝かせる方法や、早期の離乳食、子どもを思う存分泣かせることができない時代になってきたことなど、多くの育児のトレンドや事情が子どもの病気の原因になっています。

この本では、多くの人が間違って行ってしまっている「子どものからだにとって危険な育児法」を指摘し、正しいからだにしつける方法をお伝えします。

そして、すでにそのような育児をしてしまった子どもに対しては、なにが今問題かをチェックする方法をお伝えし、ゆがんでしまった子どものからだをしつけ直す方法も紹介します。

大人のからだとは違って、子どものうちはまだ、からだをしつけ直

すことができます。立ち方や座り方、ストレッチの方法や靴の選び方などでも、ゆがんだからだを正しくしつけることができますので、心配しないでください。

第3章

開脚型抱っこひもで、赤ちゃんのからだが壊れていく

01 ほとんどの赤ちゃんはハイハイがおかしい

最近の赤ちゃんのハイハイの仕方を見ていると、そのほとんどが、おかしなハイハイの仕方をしています。

両足の親指側に力を入れていて、足裏の内側（つちふまず側）を使って床を蹴ってハイハイしているのです。いってみれば、**平泳ぎのときの足使いでハイハイをしている状態です。**

みなさんのお子さんは大丈夫でしょうか？

このような赤ちゃんは、立てるようになっても、ハイハイのときと同じよ

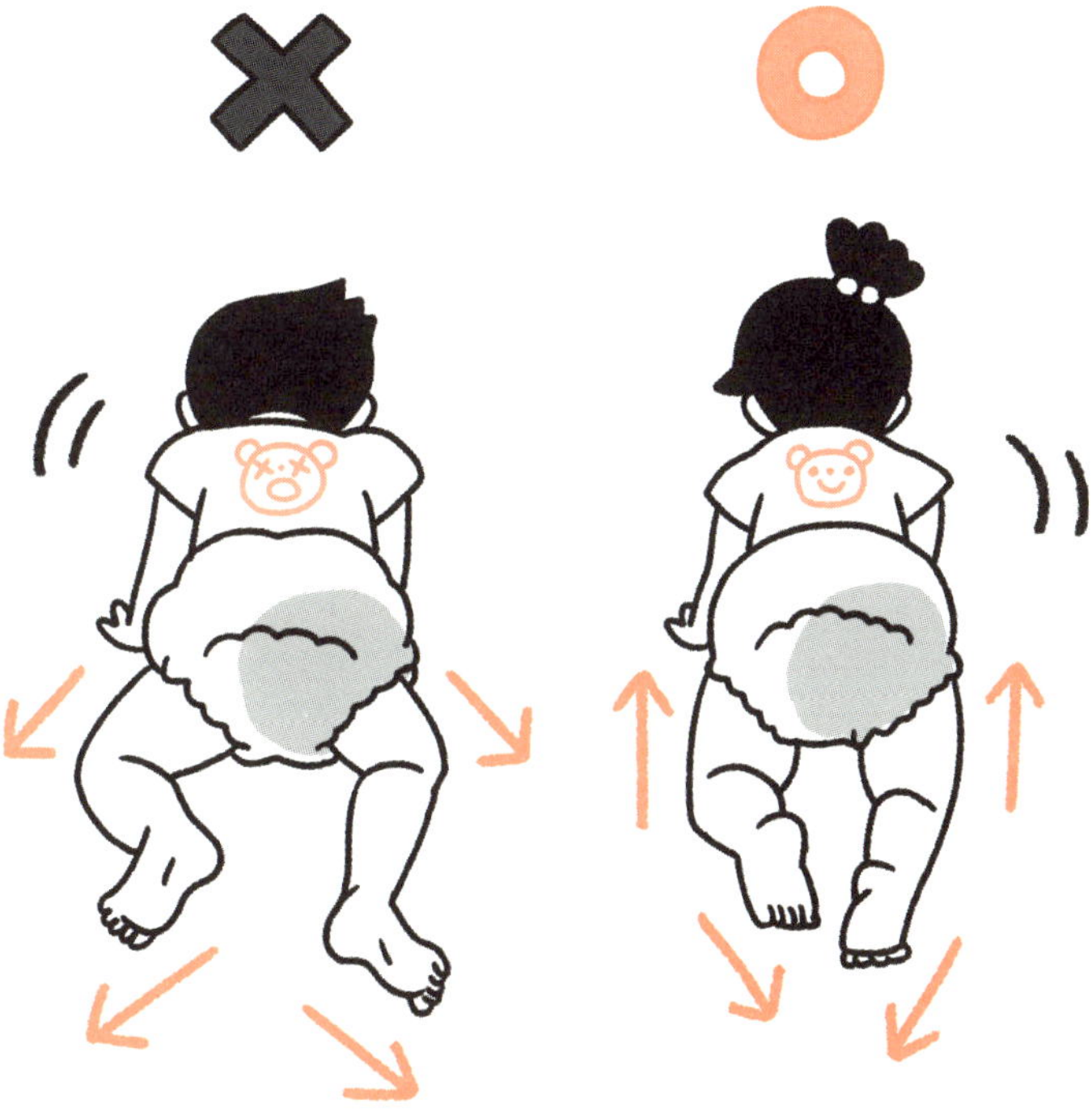

うに、足の内側に力を入れて歩くようになります。このような足の状態を「外反足」といいます。

最近、この「外反足」の赤ちゃんが急速に増えてきています。

あまりにも急に増えてきたので、乳児に正しいからだのしつけを教えるべき保健師さんですら、間違った足使いのハイハイを見慣れてしまって、そのおかしさに気づいていない始末です。

先日、私の患者さんから怖いエピソードを聞きました。その患者さんの赤ちゃんは、正しいハイハイをしていたのですが、「こんなハイハイの仕方は見たことがない。おかしい」と保健師さんに指摘されたというのです。正しいハイハイをできる子があまりに少なくなってしまったので、若い保健師さんが、「これはおかしい」と感じてしまったのでしょう。

正しいハイハイは、膝が進行方向に曲がり、足の甲全体が床についてすり歩くような状態です。最近の多くの子どもは、膝が外に向き、足の内側で床を蹴るので、外を向いた足先で「蹴り歩く」ような状態になっています。

02 開脚型抱っこひもが、からだを壊す

正しいハイハイができない赤ちゃんや、外反足の子どもが増えている原因のひとつは、近年人気の開脚型の抱っこひもの存在ではないかと思っています。

生後３、４ヶ月から使えるこのタイプの抱っこひもは、赤ちゃんの脚を１８０度開かせて抱くように設計されています。

今までの抱っこひもに比べて、親御さんの腰にかかる負担が軽く感じられるという触れ込み

であっという間に大人気となりましたが、その分のしわよせはすべて赤ちゃんにいっています。

股関節のやわらかい、まだ骨が安定していない時期の赤ちゃんの脚を、あのようにベターっと開脚させ、しかもその状態で何時間も抱っこし続けるなんてことは、骨格調整を専門にしている私からすると考えられません。その子のからだのこと、そして将来なりうる病気を考えたら絶対にさけるべきことです。

とくに、ふくよかなお母さんや、からだの大きなお父さんに抱っこされている赤ちゃんの場合は、さらに事態は深刻です。ウエスト回りに脚を巻きつける構造の抱っこひもなので、開脚させられる角度がより広がるのです。

30~40年ほど前のことですが、半年未満の幼い子を連れ歩いていると、「こんな小さな子を連れ歩いて！」と知らない人からでさえしかられたものです。もちろん、今の生活環境のなかではしかたのない面もあるのですが、せめて半年間は、小さな子をできるかぎり長時間連れて歩かないようにしていただけたらと思います。

03 なぜ股関節を広げすぎるとよくないのか

股関節を広げること自体が悪いのではなく、長時間にわたり、また、何歳になっても広げ続けることに問題を感じています。股関節が広がることで起こる一番の弊害は、足の内側に体重をかけて立ったり歩いたりする「外反足」になることです。

こういった立ち方をする子は、脚がまっすぐ発達せず、O脚かX脚になっていくケースが目立ちます。そして、どちらになったとしても、**恥骨がせり出して高くなってしまうので、さまざまな病気の原因になっていきます。**

O脚でもX脚でも、恥骨の高い女の子であれば、お腹が痛いタイプの生理痛になりやすく、さらには、子宮筋腫や内膜症になりやすくなります。流産しやすいのもこのタイプです。妊娠したときに、お腹が胃のあたりからせりあがり、つわりのきついのもこのタイプに多く見られます。

男の子の場合は、やはり恥骨が前にせり出すことによって、高齢になってからですが、前立腺肥大や前立腺がんにつながりやすくなります。

そして、性別に関わらず、おしっこが近くなり、尿もれしやすいからだになります。

こういった健康面だけではなく、プロポーションの観点から見ても、O脚タイプはお尻が垂れ下がり、X脚タイプは太ももが太く、膝を伸ばしすぎるために膝の後ろがぶよぶよになり、下半身太りしやすくなります。

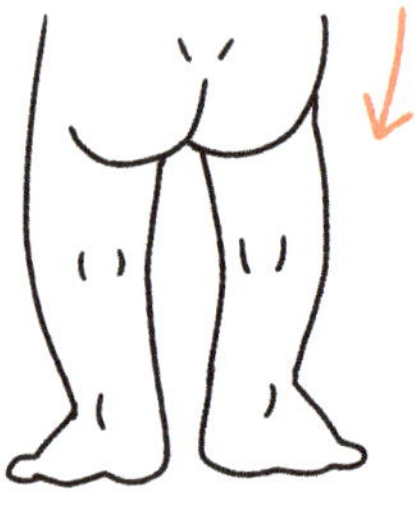

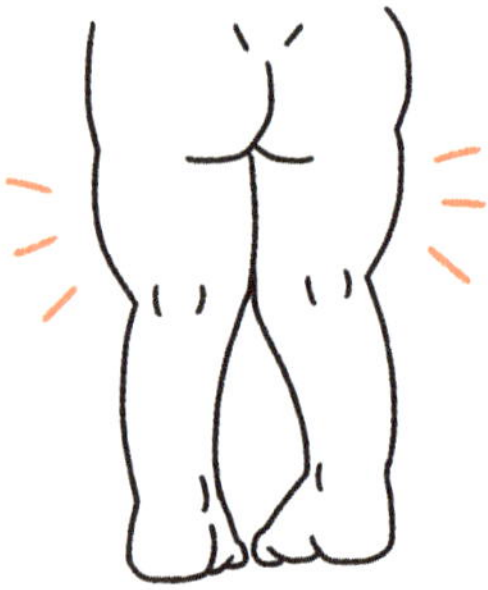

04 どんな抱っこひもを選べばいいのか

こういったさまざまな弊害が、開脚するタイプの抱っこひもやチャイルドシートによって生まれています。

あきらかに、最近の赤ちゃんに急増したタイプの骨のゆがみですので、これらを使わないにこしたことはありません。

できることならば、**生後間もない赤ちゃんを抱っこひもで連れて歩くことはさけ、ベビーカーを使って移動させたい**ところですが、ベビーカーが許されない場所であったり、兄弟がいたり仕事があったりと、抱っこひもが必要な事情もいろいろあることでしょう。

だとしたら、できるだけ赤ちゃんのからだに負担がない抱っこひもを選んであげてください。

具体的には、**股関節が広がりすぎないハイレグタイプの抱っこひも**がいいと思います。赤ちゃんの脚が自然に下におりるタイプであれば大丈夫です。昔、日本人はおんぶひもを使っていましたが、あれは赤ちゃんの脚が自然に下におりるので、股関節に負担がない作りになっていました。

脚を大きく開かせるタイプの抱っこひもはやめて、できるだけ足が自然におりるタイプのものを使うようにしましょう。

チャイルドシートも、できるだけ股関節を広げずに座れるタイプのものを選ぶといいでしょう。

05

「赤ちゃんは股関節を広げたほうがいい」とは？

昔、誰もが布おむつを使っていた時代、あまりにもおむつを強く巻きすぎて、股関節を脱臼する子どもが多かったと聞いています。

生まれて間もない赤ちゃんには、股関節脱臼を防ぐためにもM字開脚がたしかに正しいのだとは思いますが、その赤ちゃんも6ヶ月から1年で人としてのからだに成長していかなくてはいけないはずです。それなのにいつまでも真横に開脚させ続けることに、今私の感じる問題があるように思っています。

赤ちゃんの脚は、アメリカの本によると6ヶ月、日本では6ヶ月から1年ほどかけてまっすぐに伸びていくものとされていますが、昔は、脚を早く伸ばそう、早く歩けるようにしようとして布おむつでむりやり矯正したために股関節脱臼を招いていたようです。やがて、医学の発達もあり、股関節を広げるような指導がされるようになりました。

しかし、いつまでも180度近くまで開脚させるのはやはりからだの成長に逆らっていないでしょうか？

実際、開脚型の抱っこひもを初めて使おうとするとき、多くの親御さんが「エッ、こんなに開脚させていいの？」と不安を感じるといいます。

親御さんが本能的に感じたその不安は、正しい不安です。ここまで赤ちゃんの脚を広げていいの？　と違和感を覚えることは、親御さんの危険を感じるセンサーが働いたということです。

しかし、はじめは働いていたそのセンサーも「みんなもやっているから大丈夫なはず」と、やがて働かなくなってしまうようです。

06 あなたのお子さんは大丈夫？外反足チェック

ご自身のお子さんが、外反足になったり、恥骨が高くなっていないかを調べる方法をお伝えしましょう。

ハイハイをしているようなら、足の蹴り出し方をチェックしてください。**5本の指先を使って、まっすぐ蹴り出していれば問題ありません。**足の親指側を使ってカエルのようにガニ股でハイハイをしているようだったら、それはすでに足首やかかとの関節に問題が起き始めています。

この場合は、ハイハイをしている赤ちゃんの靴下の指先を結ぶつなぎひもを作り、足首がそれ以上横に開かないようにしてみてください。

ハイハイをしている段階でこの矯正をかけると、自然と正しいハイハイに戻っていきます。

ハイハイが正しくできていない赤ちゃんは、仰向けに寝かせたときに、恥骨が高く盛り上がっていることがあります。また、仰向けに寝かせたときに膝の下にすきまができる、脚がカエルのように広がる、もしくは、膝が床に倒れきる、恥骨のサイドの脚のつけ根側を触ると痛がるといった場合も、やはり恥骨が高くなっています。

このような場合には、**布団の上で赤ちゃんのお尻を持ち上げた状態にし、そのまま脚をはらってお尻を重力にまかせてやさしく布団の上に落としましょう。**高いところから、勢いをつけて落とす必要はありません。たいていの赤ちゃんは、からだを使った遊びだと思って、きゃっきゃと喜びます。

1日に3回くらい、これを繰り返していくことで、恥骨の位置が徐々に正常に戻っていきます。朝起きたときと寝る前、おむつを替えるときなどにやってみてください。恥骨の位置がもとに戻ると、おしっこをしっかりと溜められるようになるので、おねしょも減ります。

このやり方は、お子さんが大きくなってからも有効です。恥骨の位置が高いと思ったら、脚をはらって落とす。遊びのように、普段の生活に取り入れていきましょう。

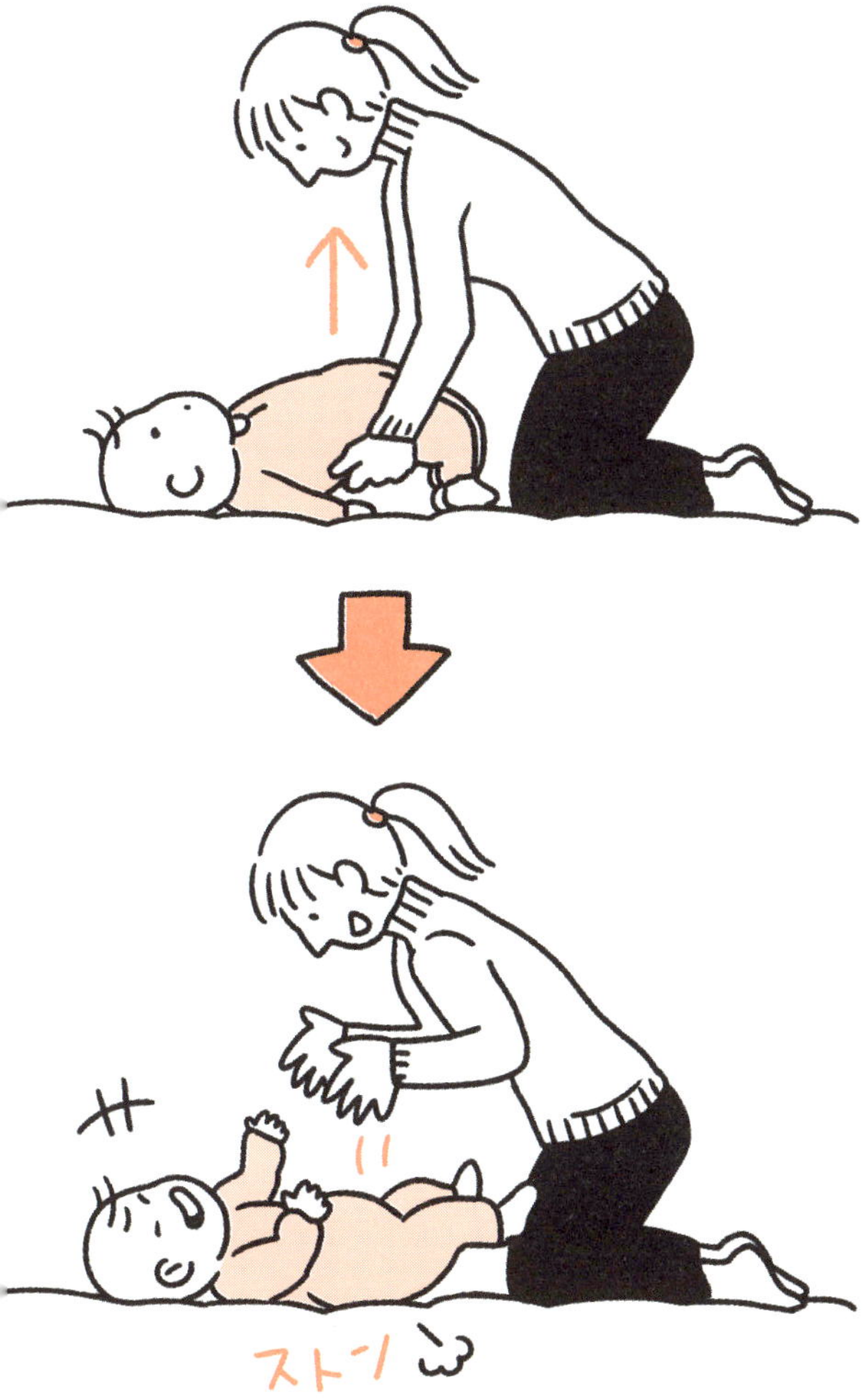

07

立ち始めたら、アキレス腱の形をチェック

後ろ向きに立たせて、アキレス腱の形をチェックしてみましょう。足首が「く」の字になっていたら要注意です。外反足の影響で膝が内側や外側に倒れていってしまうおそれがあります。

お子さんが歩けるようだったら、正面からこちらに向かって歩かせてみてください。立っているときよりもさらに、足の指先の方向、膝頭の方向がわかると思います。

お子さんが外反足になっていることに気づいたとしても、

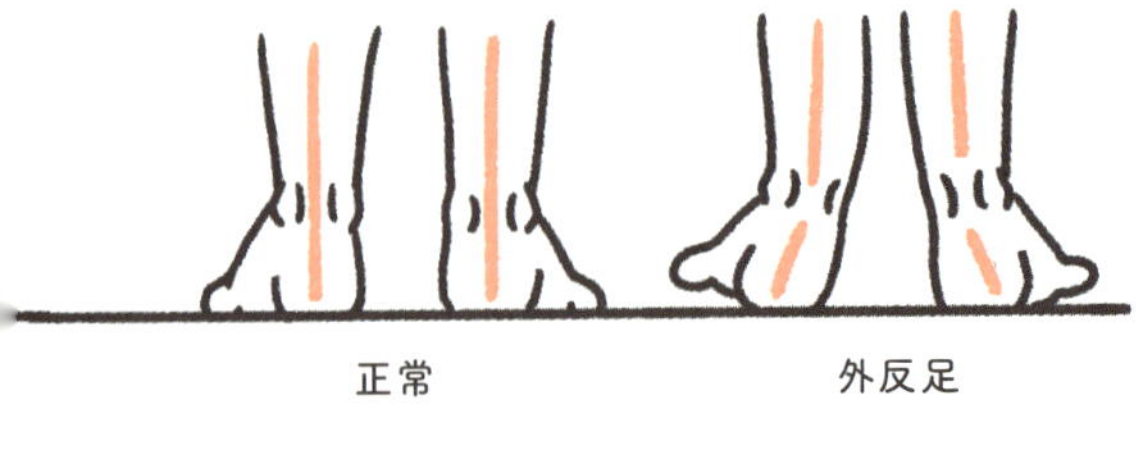

不安にならなくて大丈夫です。すぐに、簡単に始められる矯正方法があります。気づくのが早ければ早いほど、からだはしつけ直しやすいので、早めにチェックしてあげてください。

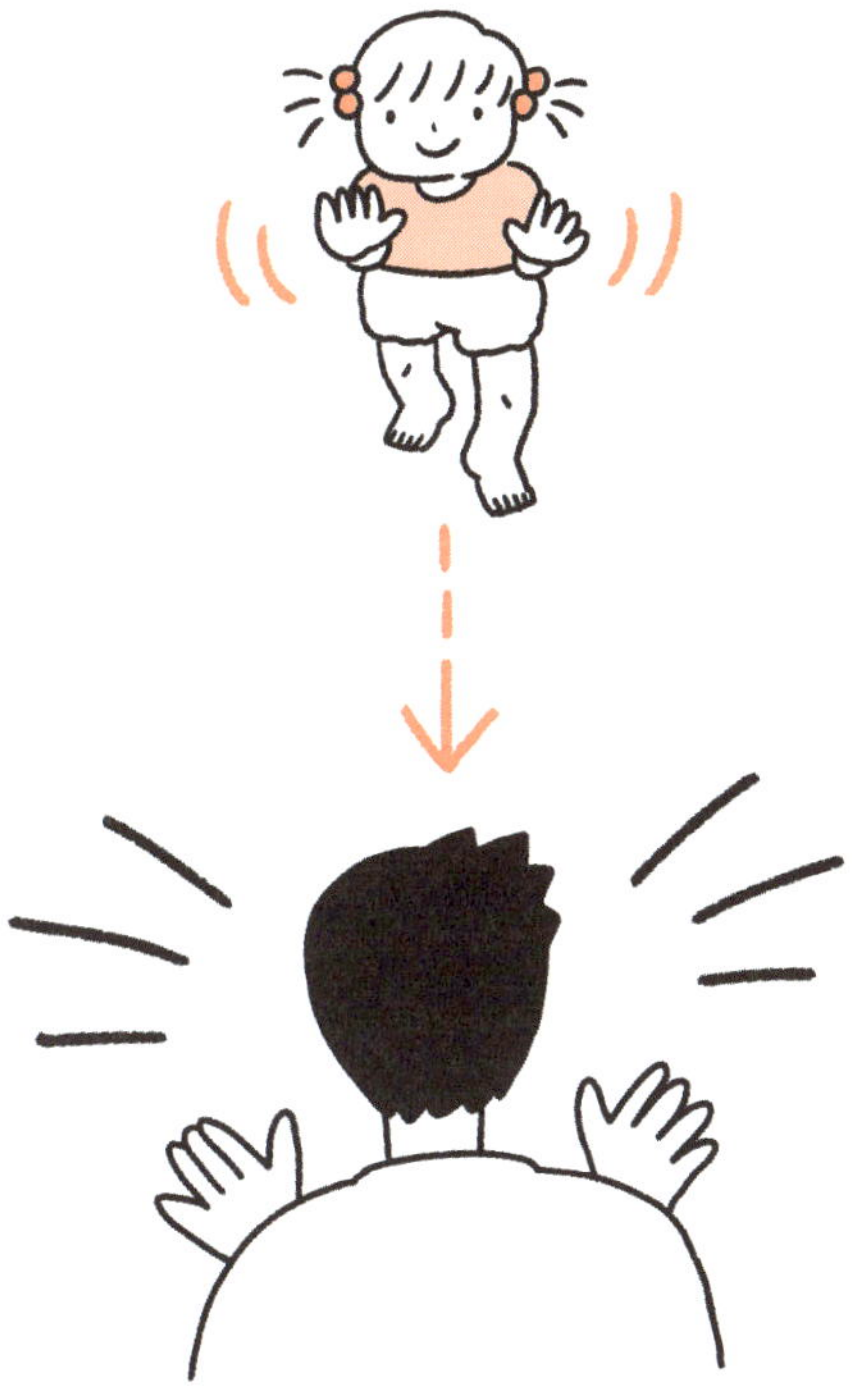

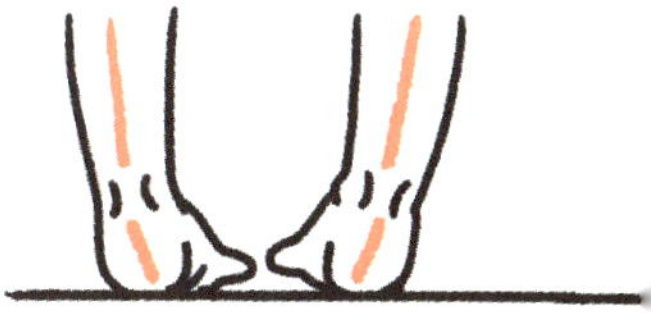

内反足

08 足をまっすぐ前に向けて歩かせる

外反足のクセがついてしまっているお子さんの場合、そのまま放置しておくと、どんどんクセが強くなっていきますので、早い段階で正しい歩き方をしつけていく必要があります。

正しい歩き方は、膝頭も足先もまっすぐ正面を向けて歩く方法です。

フローリングの線や、畳のヘリなど、なんでもいいのですが、まっすぐの目安になる1本のラインに、かかとと親指が乗っかるように歩く練習をさせてください。

人間の骨格的に、本当に正しい足先は時計の1時（右足）と11時（左足）くらいといわれていますが、自然に足先は外や内を向いてしまうものなので、平行なつもりくらいでちょうどよくなります。

1本のラインの上で、踏み出すたびに「かかとと親指」「かかとと親指」と、親御さんが声をかけてあげるといいでしょう。必ず、かかとから着地するクセをつけてください。

足先をそろえてジャンプさせることでも、曲がった脚を矯正できます。脚がまっすぐ平行にそろっていないとジャンプできないので、自然と正しい脚の使い方になるのです。1日10回、足先をそろえてジャンプさせてみてください。

ただし、ジャンプはある程度大きくなってから、靴を履いたうえでさせてください。3歳未満の、足の骨がまだ軟骨の状態でレントゲンにもはっきりとは写らないときに、むりにジャンプさせるのはやめてください。

また、最近では、小さな子どもにトランポリン遊びをさせることもあるようですが、トランポリンの内側にたるんだ布は外反足を促進させるので、楽しむレベルで使うのであれば構いませんが、トレーニングとして使うのはおすすめできません。

09 ティッシュ箱を使って足をしつける

椅子に座ることができる年齢になっていれば、座っているときに、右足と左足でティッシュ箱をはさませてみてください。

ティッシュ箱を両足ではさむと、足指は必ず前をまっすぐ向き、膝頭も前を向くようになります。

ご飯を食べているときなど、時間を区切って、ずっとティッシュ箱を足ではさむようにしつけると、次第に足もまっすぐ矯正されていきます。

小学校にあがる手前くらいになれば、ティッシュ箱体操もおすすめです。

まずティッシュ箱を2つ用意します。そして、両足の間にティッシュ箱を置いて平行にはさみます。次に、もうひとつの箱を両膝の間にはさみます。

そのままの状態で、箱を落とさないように、ゆっくりと膝を曲げます。そして、その状態から箱を落とさないように、潰さないように、ゆっくりと膝を伸ばします。

どうでしょうか？　お子さんは、この運動を問題なくできるでしょうか。

おそらく、膝を伸ばすときのほうが難しいと感じるのではないかと思います。曲げるときよりも伸ばすときのほうが、脚に力が入るからです。

箱を潰してしまった子は、膝が内側に入る力が強いといえますから、X脚

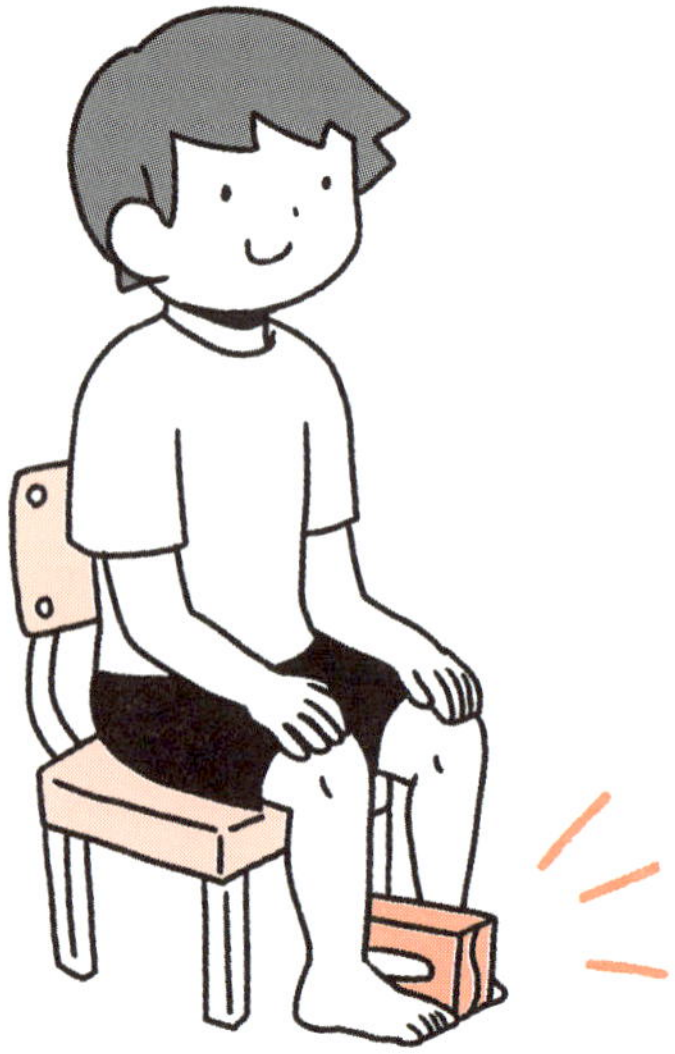

の可能性が高いでしょう。

箱を落としてしまった子は、膝が外側に広がっているということなので、O脚ぎみのはずです。

このティッシュ箱体操を、毎日10回程度繰り返しやらせてください。早い子であれば、1週間もしないうちに足の指先も膝頭もまっすぐ正面を向くようになります。

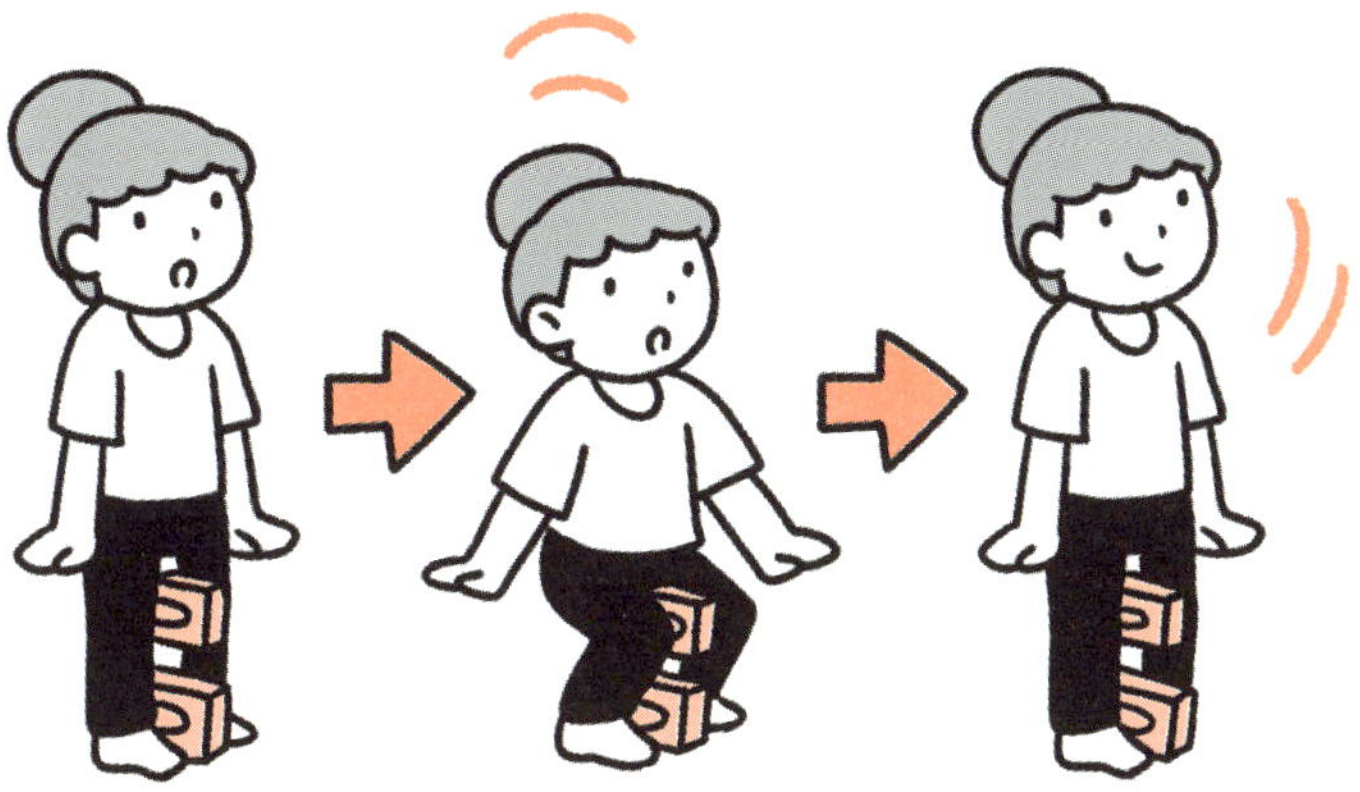

10 クロス立ちでゆがみを直す

座った状態から立ち上がるときは、常に足をクロスさせてから立ち上がるようにしつけましょう。

とくに、立ち上がるときに、膝を内側に入れて、なおかつ足裏の内側で床を蹴るようにして立つクセがあるお子さんは、すぐにクロス立ちに変更させてください（そういうお子さんは、トンビ座りとか、女の子座りといわれる内股の座り方をしている子が多いはずです）。

このとき、右足を前にして立ち上がる場合と、左足を前にして立ち上がる場合と、どちらがやりやすいかお子さんに聞いてみてください。立ち上がりやすいと答えたときに後ろ側にある足、それがその子の軸足です。

そして、お子さんが「立ち上がりにくいほう」の足の組み方で、いつも立ち上がるクセをつけてあげてください。

この立ち上がり方を繰り返すことで、徐々にからだについたよくないクセやゆがみがとれていきます。これは、武将立ちと呼ばれることもあります。誰にとっても絶対にいいというものでは決してありませんが、大人になるまでずっとついてきてしまうおかしなクセを取る有効な方法です。

幼稚園や保育園に入ると、体育座り（体操座り）といって、膝を抱えて座る座り方を教わります。この座り方をすること自体はいいのですが、問題は立ち上がるときです。

立ち上がる瞬間、どちらかの足に全体重をかけて立ち上がる子が大勢います。そして、からだにクセがついてくると、無意識に右側か左側、どちらか楽に立ち上がれる足に体重をかけるようになります。

こういった動作を何度も繰り返していくと、からだは徐々に壊れていきます。

ですから、小さいうちに、立ち上がりにくいほうに足をクロスして立ち上がるようしつけておくのです。どちらの足を後ろにしたとしても同じような感覚で立ち上がれるようになるころには、崩れたバランスも自然と戻っていくようになります。

これは、座るときも同じです。足をクロスして、座りにくいほうでも問題なく座れるようしつけましょう。

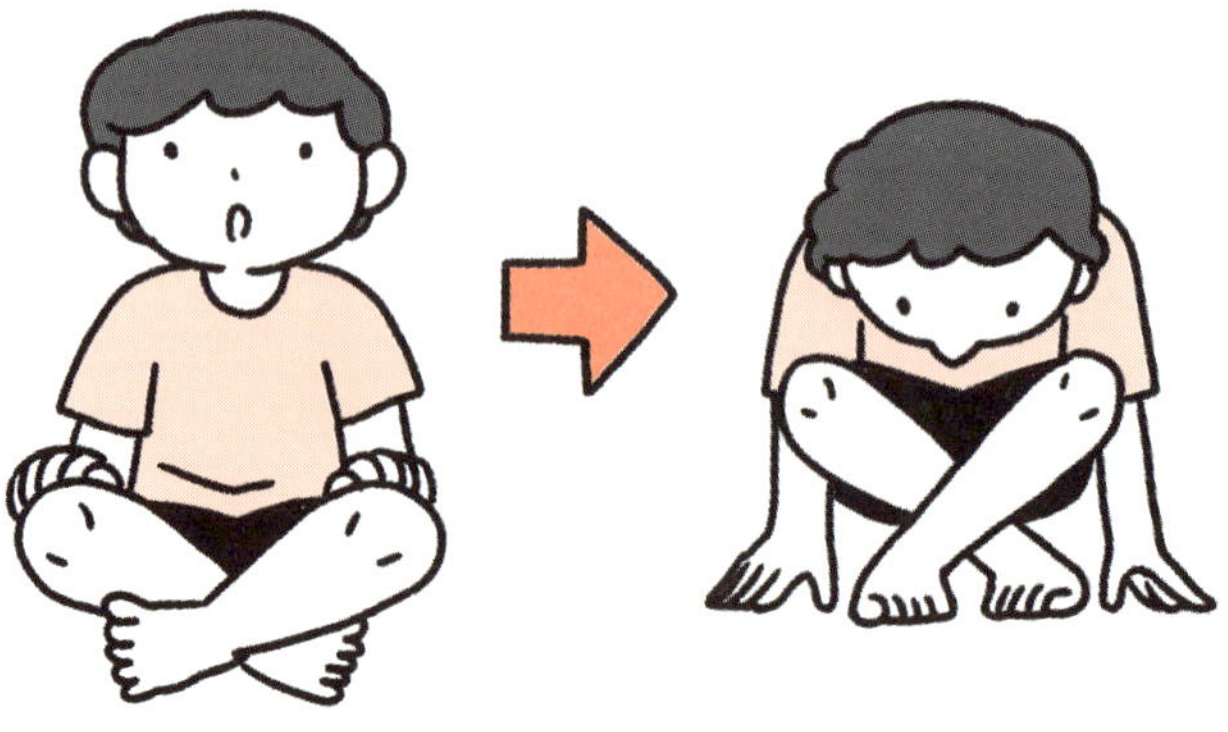

11

「遺伝」だと あきらめないで

X脚やO脚は、容姿に直結するので、とくに女の子にとっては切実な問題です。そして、前にお話ししたように、からだのクセは、知らず知らずのうちに遺伝しています。歩き方や立ち方、座り方がそっくりな親子は、からだのクセも似てくるものなのです。

おばあちゃんもお母さんもO脚の場合、その子どももO脚になる可能性は高いです。でも「遺伝だからしかたない」と子どもに思わせないでください。ちゃんとからだをしつければ、まっすぐできれいな脚になっていきます。

子どものからだはやわらかくて正直なので、小さなうちからしつければ、正しい骨の位置にちゃんと戻っていくものです。

それでも心配なくらいのからだのゆがみを感じるようでしたら、必ず「小児専門」の整形外科や形成外科に相談するようにしてください。病院ならどこも同じだろうと思いがちですが、病院や先生によって考え方も施し方もまったく違うということを知っておいてください。また、こちらはアメリカの考え方にもとづくものですが、東京青山の「足の診療所」もおすすめです。

第4章

「泣きあやし」を急ぐと病気を招く

01 「泣けない」赤ちゃんは呼吸が浅い

「うちの子は、あまり泣かなくて手がかからないんですよ」というお母さんのことばを聞くと、心配になってしまいます。

そういわれる赤ちゃんに限って、からだを診せてもらうと、病気の前兆を持っていることが多いからです。

健康な赤ちゃんは、寝ているとき、下腹部だけで呼吸をしています。つまり、自然と腹式呼吸をしているのです。

けれどもなかには、胸だけで呼吸をしている赤ちゃんもいます。そのような赤ちゃんはしっかりと息を吸い込むことができず、呼吸が浅くなっています。

そしてほとんどの場合、大声で「泣けない」状態になっています。

ここで強調したいのは、**そういった赤ちゃんたちは「泣かない」のではなく「泣けない」**ということです。

実は、親御さんに「泣かせてもらえなかった」赤ちゃんが、胸の浅い位置でしか呼吸ができない、泣けない子になってしまっているのです。

こういった「泣けない」赤ちゃん、「泣かせてもらえなかった」赤ちゃんが、最近とても増えています。たかが呼吸と思うかもしれませんが、なかには深刻な病気につながっていく子もいます。

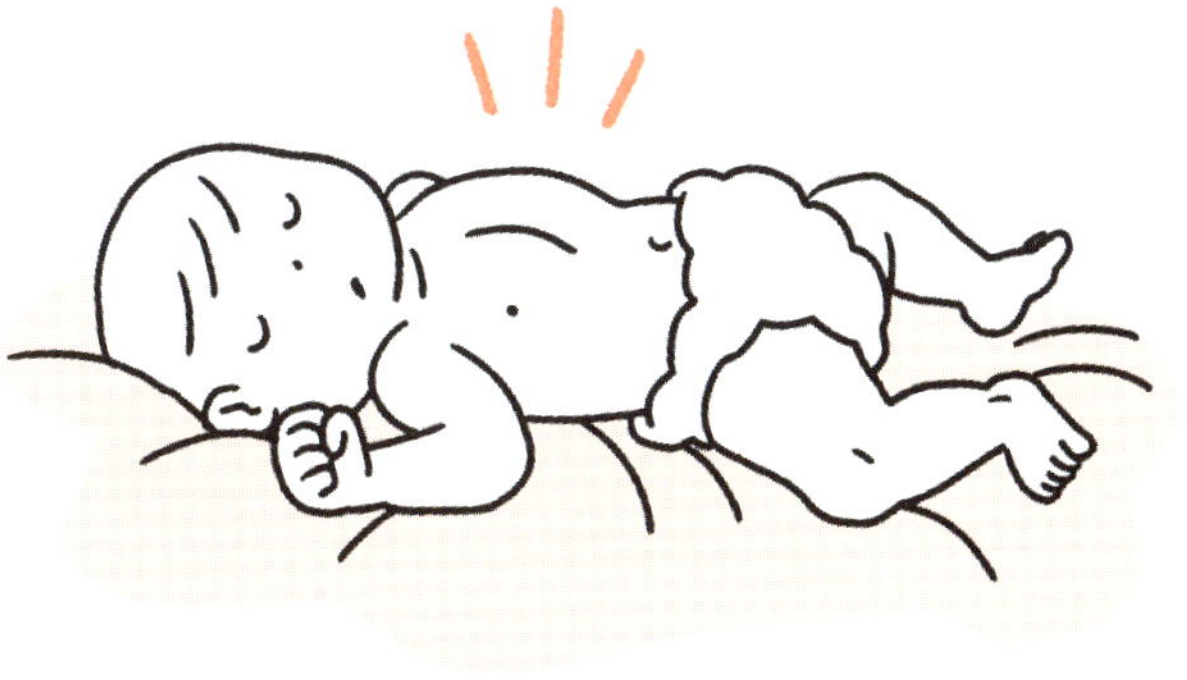

02

大家族の子育ては理にかなっていた

子どもが5人、10人といた時代は、赤ちゃんが泣いていても、お母さんはたくさんの兄弟の世話で手が離せず、「泣かせっぱなし」が当たり前でした。子どもが泣いていることに目くじらをたてる人も少なかったし、大家族を切り盛りしていたので、赤ちゃんが泣くたびに、いちいち抱っこしてあやすひまも余裕もありませんでした。

この、泣いている赤ちゃんの「いい具合の放置」は、赤ちゃん本人のからだにとって、とてもいいことだったのです。

「赤子は泣くのが仕事」と昔からいわれてきましたが、このことばは、

骨の専門家の私からみても理にかなっています。

赤ちゃんは、お母さんのお腹のなかでは肺呼吸をしていません。生まれたときに「おぎゃあ」と泣いて、生まれて初めての肺呼吸をするのです。

空気をしっかり吸うためには、まずしっかり吐き出すことが必要です。「おぎゃあ」は、空気を吐き切ったときに出る声です。

赤ちゃんが泣くというのは、しっかりと空気を吐き出して、肺にたっぷり空気を吸い込むために必要不可欠な行為。強い肺を作り、深い呼吸ができる子に育てるためには、たっぷり泣かせてあげることが大切です。

昔は、子どもひとりひとりに十分手をかけてあげられなかったなどといわれますが、少なくとも、丈夫なからだを形成するうえでは、「赤ちゃんを無理に泣きやませない」のは、とても理にかなっていました。

03

過保護な親の子ほど、からだが壊れていく

最近は、赤ちゃんを思う存分泣かせてあげていない家庭が増えています。

もちろん、あまり泣かせすぎると近所から苦情がくるなど、やむにやまれぬ事情もあるでしょう。

けれども、話を聞いていると「赤ちゃんが泣いていたら、できるだけ早く泣きやませないといけない」「泣いている赤ちゃんを放置するなんてかわいそう」と思い込んでいる親御さんが増えたことも、理由のひとつだと感じます。

少子化が進んでいる現在は、生まれてくる子どもの数も少なく、我が子が

かわいくてしかたないといった親御さんが増えています。

もちろん、子どもにたっぷり愛情を注いであげるのはいいことなのですが、過保護になりすぎて、からだを作るうえで欠かせない経験をさせていない家庭が増えています。結果的に子どものからだを壊したり、病気がちにさせていっているのは残念に思います。


「できるだけ泣かせないように」と育てられた赤ちゃんは、空気を吐き切ることが下手で、呼吸が浅い子に育っていきます。結果的に、代謝が悪く、現代病にかかりやすいからだになってしまうのです。

愛情をかけているつもりの泣きあやしが、自分の子どものからだをゆがませているとしたら、悲しいですよね。

04

泣かせないことで起こる病気

小さいころにあまり泣かせてもらえなかった子どもは、腹式呼吸ができないために肺がちゃんと発達せず、浅い呼吸しかできなくなります。**一番の問題は、肋骨が広がって前にせり出したり、上に持ち上がったりすることです。**そうなると、ますます正しい呼吸が難しくなり、ぜんそくなどの病気につながっていきます。

ある患者さんの紹介でいらっしゃった0歳の男の子は、床に寝かせるとあきらかに胸がぽこんと持ち上がっていました。極端なハト胸のような感じです。呼吸が浅く、肋骨が左右に開いてしまっています。

見るからに肋骨に異常がある状態だったので、状態を確かめるため、ほんの少し赤ちゃんのからだに触らせてもらいました。

私が肋骨に触れてその開き具合を確かめていると、赤ちゃんは泣き出しました。すると、それを見てあわてたお母さんは、赤ちゃんを奪い取るようにしてあやし始めました。

その泣き声は、男の子とは思えないとてもか細いものでした。おそらくいつも、息を思い切り吐き切る前に泣きやまされているのでしょう。肺にしっかり呼吸が入っていない様子でした。

お母さんは「こんなに泣いている自分の子を見るのは初めて」と動揺していましたが、もしそれが本当であれば、相当心配です。おそらくその赤ちゃんは生まれてから数ヶ月の間、一度も肺の深くまでを使った呼吸をしたことがないということです。

このときの泣き方は、わかりやすい「甘え泣き」でした。泣いているように見えて、単に甘えているだけなのです。私は骨の位置を確認しただけで、

まったく圧力をかけていなかったので、痛みを感じて泣いたわけではありません。今回に関してはお母さんではない人に触れられたことで怖くなっただけでしょう。

その甘え泣きまでこんなにすぐ泣きやまされてしまっては、呼吸ができない子になっていくのもしかたありません。

初めて聞く赤ちゃんの声にそのお母さんのほうがパニックになっていたため、「呼吸が浅いので、呼吸器系に気をつけるといいですよ」としか、お伝えできませんでした。間違った愛情のかけ方を目の当たりにし、お母さんも赤ちゃんも、とても気の毒に思いました。

運動をすればすぐ息があがり、集中力も続きにくいはずです。それでも、赤ちゃんに体力があれば、アトピーかぜんそくですむと思います。でも、もし体力がなく、病気をからだの外に出せないようであれば、リウマチや膠原病へと移行するアレルギーマーチに入り込む可能性があります。そんなことを思いながら、弱々しい力のない泣き声の赤ちゃん親子を見送りました。

05 手があがらない子は要注意

もし、ご自身のお子さんが、赤ちゃんのころあまり泣かなかったという覚えがあったり、咳が出やすい、ぜんそく持ちといわれたなどということがあれば、一度からだをチェックしてみてください。

仰向けで寝たときに、胸の下のでっぱりがボコッと出て、おへその下のお腹がえぐれて広く感じる場合は、肋骨の位置があがってしまっています。

次に、お子さんを立たせて両脇の肋骨を触ってあげてください。もし、バラバラっと指に触れる感触があれば、肋骨全体が持ち上がっている証拠です。

骨が正しい位置にあれば、どんなに痩せている子どもでも、肋骨の手触りを感じることはありません。

お子さんの手を伸ばしてバンザイをさせてみてください。**肘を曲げないようにして腕をあげていったときに、腕が耳より後ろにいかなかったら、それはやはり肋骨が広がっているか、持ち上がってしまっている証拠です。**

肋骨が持ち上がると、それにつられて肩甲骨も広がり、前にお話ししたような天使の羽のような肩甲骨ができてしまいます。

肩甲骨が横に向かって開くと手を上にあげにくくなるのですが、親が気づいていないだけで、バンザイができない子どもは近年とても増えています。

06

ぶらんぶらん遊びで肋骨をおろす

もし、お子さんの肋骨が持ち上がっていたり、肩甲骨が開いているのに気づいたら、ぶらんぶらん遊びで肋骨を正しい位置に戻してあげてください。

まずは、子どもの脇の下に手を入れてからだを持ち上げます。このとき、足は床についていない状態です。

そしてそのまま、**ぶらんぶらんと子どもを前後左右に振ってあげてください。**

ぐるっと大きく回転させるのもいいでしょう。時計回りと反時計回り、回りやすいほうにまず回してあげ、そのあとで反対に回してあげるとしっかり

とストレッチできます。

こうすることで、お子さんの肩の回りの筋肉にストレッチがかかり、可動域が広がります。脇の下を持つというよりは、脇の下に手を引っかける感覚でやるとうまくいきます。

肋骨が持ち上がっている子にこれを1日2セットくらい続けると、肋骨が正しい位置に戻っていきます。


抱っこするのが重いくらいの子であれば、ヨガの猫のポーズもおすすめです。両手を思い切り伸ばし、お尻をつき出すようにして胸を床につける猫のポーズをとらせ、できるだけゆっくり息を吐かせてください。すぐにあきてしまうようでしたら、息を吸って丸まって、吐きながら猫のまねをして伸びるというのを繰り返してもよいでしょう。伸びるときにとくにゆっくりと息を吐くのがコツです。

普通に生活しているとどうしても肩が巻き、肩甲骨が持ち上がっていく方向に作用しますが、バンザイと同じ姿勢をすることで肩の回りをストレッチし、可動域を広げることができます。

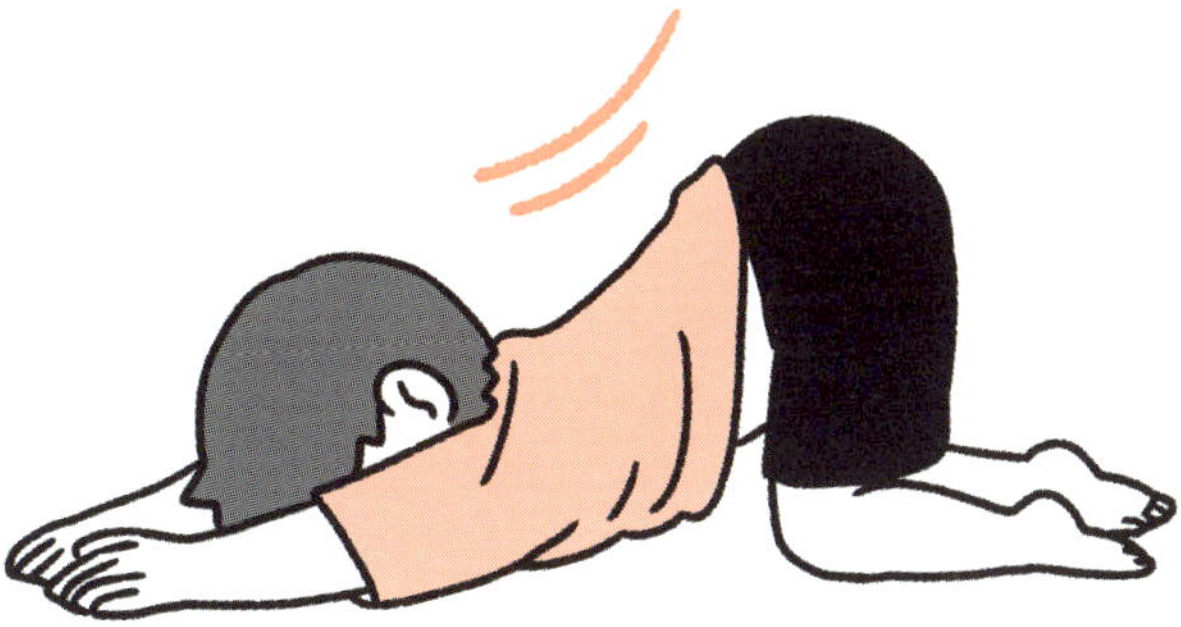

07 息を吐き切る練習をさせる

正しい呼吸法をしつけるときには、吸うことよりも、まず吐き切ることを教えるほうがうまくいきます。

①子どもを仰向けに寝かせた状態で、思いっきり息を吐かせましょう。②そして息を吐いているときに、肋骨に軽く手を添えます。③手を添えて肋骨が動かないようにしておくと、息が自然と肺の奥深くまで入っていきます。④しっかり息が入ったかどうかは、お腹がふくらむかどうかで判断してください。

泣いているときにも、ちょっと泣きやませるのを待って、やはり肋骨に手を添えてあげるようにしてみてください。すると、泣いたあとの次の呼吸で、深く肺の奥まで息を吸い込むようになります。

「甘え泣き」のときは、痛みや不快を訴えているわけではないので、どれだけ泣かせておいても大丈夫です。

赤ちゃんは泣くのが仕事、お腹の底から泣かせてあげてほしいのです。ちょっとかわいそうな気がしても、子どもの将来のためには、泣かせてあげるほうがずっといいしつけなのだと思って、あやさずに泣かせてあげてください。

そんな時期はほんのしばらくのこ

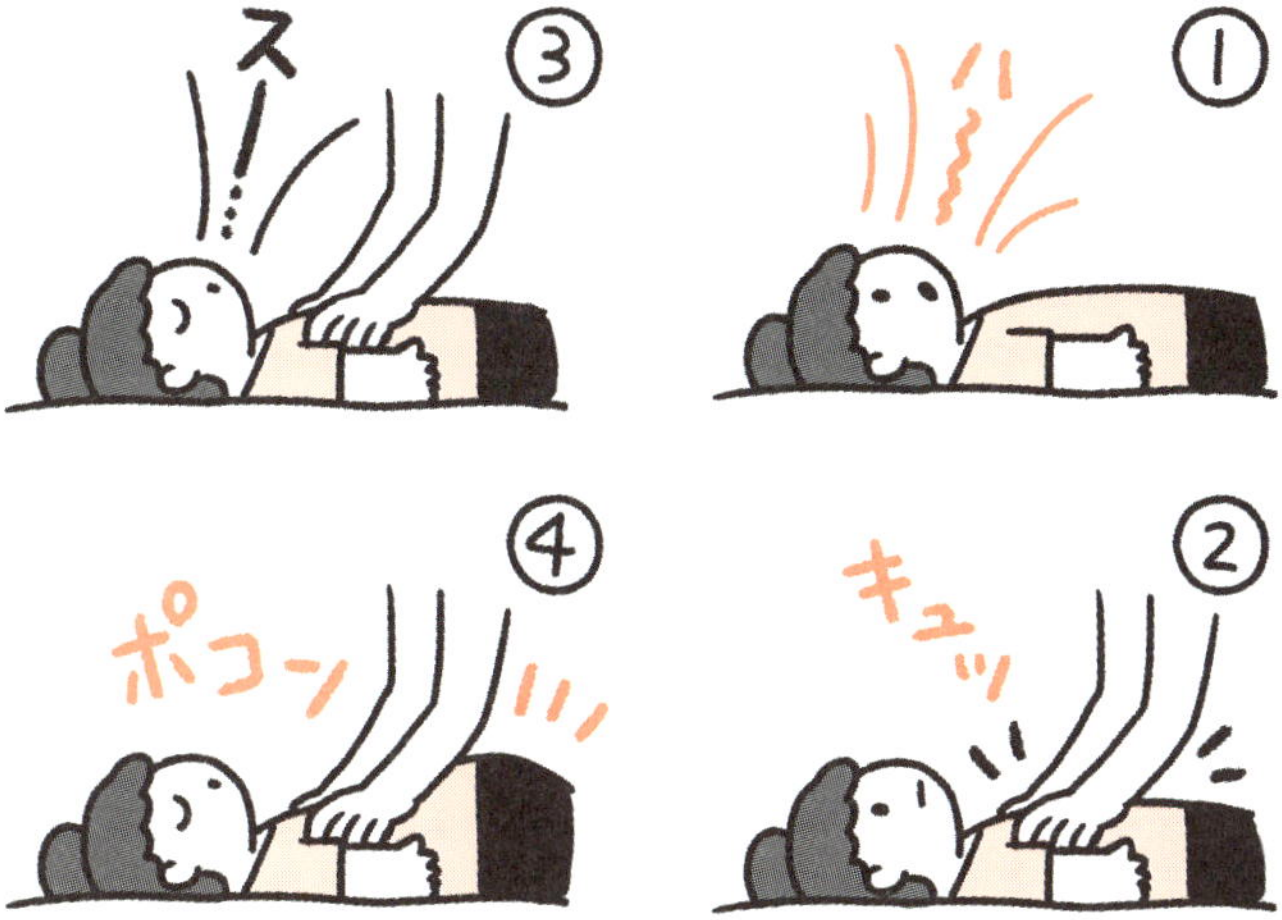

とです。おぎゃーおぎゃーという泣き方がだんだんと子どもの泣き方に変わっていきます。できればそうなる前に、しっかりと呼吸のしつけをしていただきたいのです。

第5章

離乳食を急いではいけない

01 アレルギーマーチは離乳食のせい？

アレルギーマーチということばをご存知ですか？

アトピー素因のある人は、アレルギー性の疾患を次から次へと発症する傾向があり、それをアレルギーマーチ（行進）と呼びます。

アトピー、反復性の下痢、腹痛、湿疹《しっしん》、じんましん、気管支ぜんそく、アレルギー性鼻炎など、ひとつ治ればまた次の病気が出てくるのです。

アトピーやぜんそく、じんましんなど、からだの外に反応が出るタイプのアレルギーであればまだいいのですが、体力がないと、これらのアレルギーがからだの外に出ることもできず、リウマチ、膠原病、とよりからだの内部

に関わる症状へと移行していきます。

これらのアレルギーは現代病といわれていますが、その大きな要因のひとつに、早期から与えられる離乳食があると私は考えています。

私は元来骨の専門家ですが、からだのゆがみを正すことだけですべてがよくなると考えているわけではありません。サロンにきてくださる患者さんを少しでもよくして差し上げたいと、中国医学や漢方医学、アーユルヴェーダ医学、薬膳なども広く学んでいます。

ここでお伝えするのは、専門の骨の話からは少し離れるのですが、私や私の患者さんたちの臨床経験、信頼するお医者さんたちの知見を総合したものです。育児・子育てについて、実にいろいろなことがいわれます。離乳食については、とくにさまざまいわれますが、ぜひ参考にしてみてください。

02 腸ができる前に離乳食を始めてはいけない

最近では、生後数ヶ月で離乳食を始めるように指導する保健師さんも多いようですが、内臓の発達を考えると、離乳食を急ぐことは百害あって一利なしです。人間の腸は生後1年たたないと、できあがりません。

お医者様によると、腸ができあがる前に動物性たんぱく質を入れてしまうと、細かい穴があいてしまうそうです。

そうすると、穴をあける異物に対して攻撃をかけようとします。一度攻撃が始まってしまうと、どんどんリンパ球が増え、アレルギー体質につながっていきます。

そう考えると、**腸ができあがる1歳までは、離乳食はできるだけあ**

げないほうがいいと私は思います。とくに、動物性たんぱく質はさけたほうがいいでしょう。

歯の形状から見ても、早いうちから動物性たんぱく質をとることには疑問があります。私は、漢方の大家の方に、歯の形状にあわせて食べるようにと習いました。草食動物のウシやウマには犬歯はありません。もちろん、犬歯は赤ちゃんにもありません。

離乳食をいつから始めるべきかには西洋医学のなかでも諸説あるようですが、早いところでは生後半年の子に離乳食、しかも後期食を与えたりする保育園もあると聞きます。私のもとへやってきた患者さんのなかには、生後半年のとき保育園でスパゲティを食べさせられて、吐いたり、下痢をしたりしていたお子さんがいました。

今、子育て中の親御さんたちには、ていねいに離乳食を作ってあげなくてはいけないというプレッシャーがあるように感じます。液状にしたりすり潰したり裏ごししたりと、手間ひまをかけて離乳食を作っている親御さんが多いようです。

けれども、離乳食にそのような手間ひまがかかるようになったのは、つい最近になってからのことです。

というのも、かつてはもっと遅い時期、生後1年くらいから離乳食が始まっていたので、赤ちゃん用に特別な用意をする必要がなかったのです。生後1年もたてば、ある程度腸ができてきます。だから、大人用にゆでたじゃがいもをスプーンの背でちょいと潰し

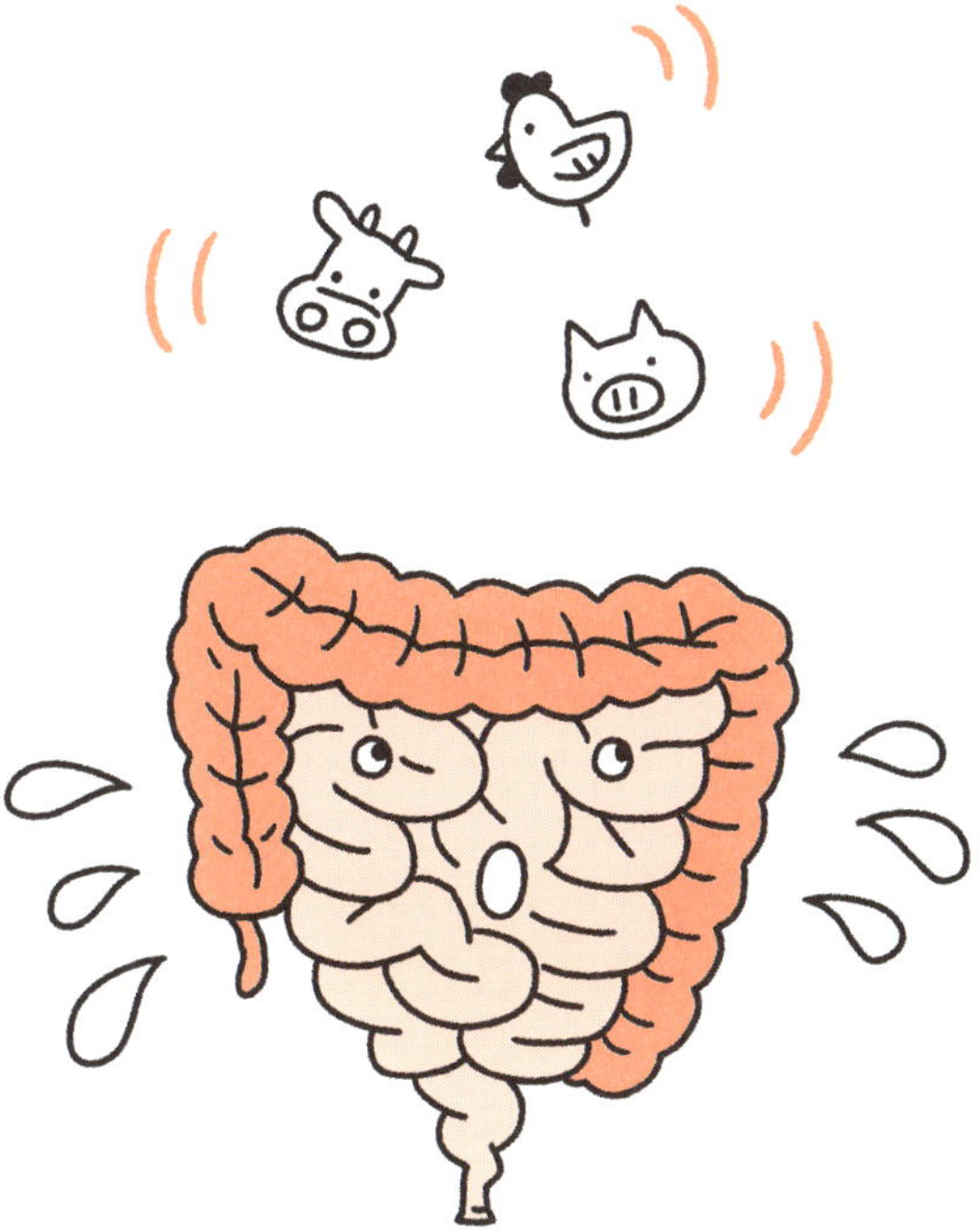

てあげるくらいで十分だったのです。

すべてにおいて、大人の食事をほんの少し手を加えてやわらかくするだけでよく、特別なことをする必要はないと私は思います（あくまで、1歳になっていればですが）。

離乳食が悪いというわけではありません。ただ、離乳食をあげる時期があまりにも早いのです。

保健所の指導もあり、離乳食を与えるのが遅くなると、栄養のことを気にする方もいらっしゃるかと思います。

しかし、私のもとにきている親御さんの赤ちゃんたちは、1歳までは母乳だけで、離乳食は与えられていませんが、栄養失調になることなどなく元気に大きくなっています。アトピーになる子は1人もいません。しかもみんな、今どきの子には珍しいほどのすべすべの肌をしています。

03 無菌状態で育つのは怖い

子どものアレルギー体質が増えてきたことに関していうと、離乳食だけが原因ではなさそうです。**なんでもかんでも消毒をする、神経質な親御さんに大切に育てられた子ほど、病気や細菌への耐性がなくて、ひとたび病気にかかると重病になりやすくなるといわれています。**

ある調査では、食中毒で亡くなった子どもたちのからだを調べたところ、腸内細菌がほとんど生息していなかったといいます。最近の研究では、乳酸菌がO１５７の感染を予防することがわかっています。しかし、亡くなった子どもたちの腸には、悪玉菌だけではなく、善玉菌もいなかったのです。

善玉菌
悪玉菌

そして、そういう腸を持つ子どもたちの家庭環境を調べていくと、家じゅうをよく消毒していたり、神経質なほどに手を洗わせていたりといった家庭がほとんどだったそうです。

それを聞いた私は、とてもやり切れない気持ちになりました。

親にしてみたら、子どものためを思ってやっていたことだったろうに、その行動が我が子の命を奪ってしまったと知ったら……。

実は、私ごとになりますが、私の長女は生まれつき心臓が弱く、生後すぐに心室中隔欠損といわれました（15年ほどのちに、肺動脈開存症の誤診と判明しました）。そして、3歳まで大人にも子どもにも触れさせるな、無菌の状態を保つようにといわれ、そのように育ててきました。

私は、いつ手術になるかわからない長女のために、あらゆる治療法を調べ、ビタミンや食事や添加物について真剣に勉強しました。

その長女は3歳のときに、よかれと思って与えられた薬の副作用から、悪性特発性紫斑病を発症し、死を覚悟するようにといわれました。薬の怖さも、ありがたさも、このころに知りました。

だから、子どものためによかれと思ってやっていることが、かえって仇になってしまうことの辛さは、人一倍わかっているつもりです。


今の世の中は、情報量も膨大ですし、ネットを見ていると、素人もまるでプロのように発言します。なにが本当に正しく信頼できる情報なのか、わかりにくい世の中になっています。

私が、からだの骨の調整を専門にしながらも、中国医学、食事療法、光線療法、アーユルヴェーダ医学など、幅広い治療法を勉強したのも、偏った知識ではなく、からだを全方位から見て、納得できる情報を手に入れたいと思ったからです。

信頼できる医療関係者の方々の話を総合し、また私のもとを訪れる患者さんたちのからだと食事や生活習慣の関係を見るにつけても、早期の離乳食、とくに動物性たんぱく質の摂取と、過剰なまでの清潔神話がアレルギーの原因を作っていることは、間違いなさそうです。

04

アトピーと呼吸の密接な関係

アレルギー体質の子どもを診療すると、腹式呼吸ができない子が多いことに気づきます。首が短く見えて、コロコロと胸の高い位置で呼吸する子が多いのです。

これは、前述した、あまり泣かない、呼吸が浅い子どもたちと同じ特徴です。体力がある子はアトピーとしてからだの外にアレルギー症状が出るし、体力がないとぜんそくやリウマチになっていきます。

アトピーの子たちに対してする「からだのしつけ」は、基本的に94〜99ページでお伝えした方法と同じです。

脇の下に手を差し入れてぶらんぶらんさせたり、呼吸が浅い子であれば手で肋骨をおさえたりして、腹式呼吸ができるように導いてあげましょう。

また、128〜130ページで紹介する指のストレッチも大事ですし、息を吸うときの倍以上の時間をかけて吐くことも重要です。「何秒間息を吐き続けられるかな?」という遊びをすることは、からだのしつけのいい訓練になります。

第6章

丸ませ寝が骨をゆがませる

01 丸ませ寝で正しい呼吸ができない赤ちゃんが増える

最近では、赤ちゃんの両手両足を縮め、からだを丸まらせた状態のまま布で包み、その体勢をキープし続けるために布をしばって寝かせる方法が提唱されているそうです。

これは、仰向け寝だと、赤ちゃんの後頭部が絶壁になりやすいという理由で始まった寝かせ方らしく、丸めて固定した状態で、右向きに転がして寝かせたり、左向きに転がして寝かせたりする方法が推奨されています。

民間の団体がこのような寝かせ方を推奨するのはともかくとして、最近では、自治体から派遣されてくる保健師さんも、このように赤ちゃんを丸めて寝かせる方法をおすすめしているという話を聞きます。

円座クッションのくぼみに赤ちゃんを押し込めるように丸め、すきまをタオルなどで埋めて、なかで赤ちゃんが動かないように固定しなさいといわれたお母さんもいました。

あるお母さんは保健師さんから「赤ちゃんは、お母さんのお腹のなかにいたときに、からだを丸めた姿勢でずっとすごしていたので、その格好をさせると落ち着いて、夜泣きも減ってよく寝るようになります」と指導されたそうです。

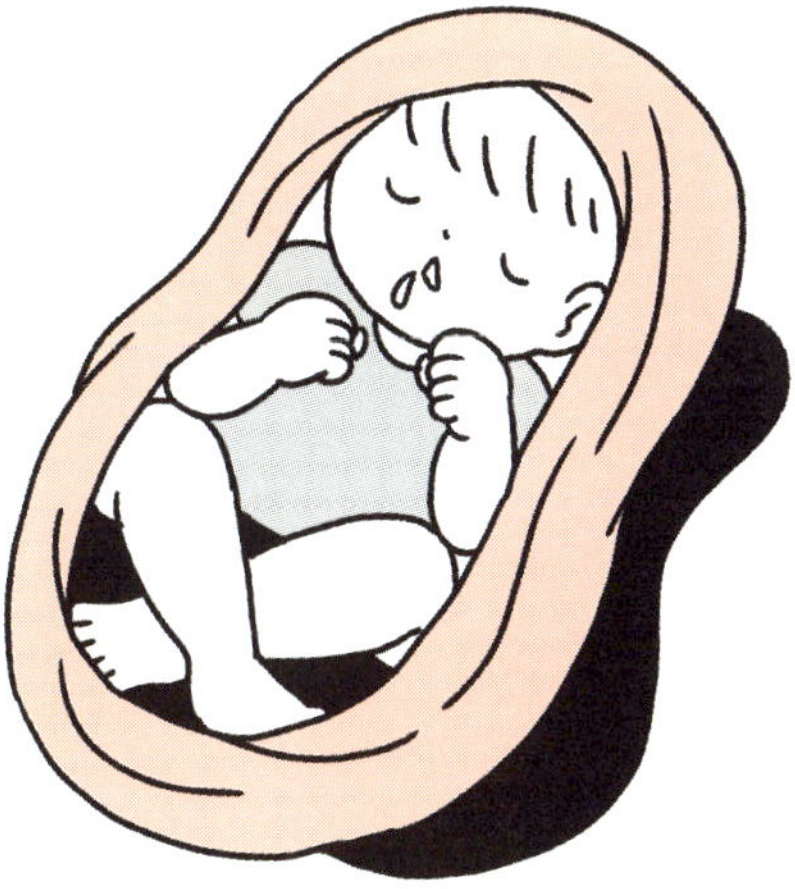

02 羊水のなかと外では環境が違う

赤ちゃんが泣くのを無理にやめさせることの弊害は、前にお話ししたとおりです。

けれども、それとは別に「絶壁を防げるから」とか「よく眠るから」といって、**わざとからだを丸まらせたままで寝かせることで、人としての成長や発達を妨げる可能性がある**というのは、さらに深刻な問題です。

たしかに赤ちゃんは、お母さんのお腹のなかで丸まっていました。だからその丸ませ寝は赤ちゃんにとって楽な姿勢なのかもしれません。

けれども、この世に出たあとも、お母さんのお腹のなかにいたときの体勢で生きている動物はどこにもいません。犬でも猫でも馬でも、生まれた瞬間から立ち上がろうとします。

そもそも、この世に生まれ落ちた瞬間に、人間は肺呼吸をしなくてはいけなくなります。呼吸の仕方が違うのに、眠り方だけ羊水のなかのときと同じようにしていてからだにいいわけはありません。

03 丸ませ寝の弊害

実際に、幼児教育にたずさわっている先生方にお聞きすると、**丸ませ寝をさせてきた赤ちゃんは、他の子に比べて発達が遅れることが多いそうです。**首のすわりも遅い子が多いとも聞きます。

骨の面から見ても、丸ませ寝は問題だらけです。

人間は、脳の命令が骨の一本一本の間の神経を通って、あらゆる器官に到達するようなからだのつくりをしています。でも、からだを丸まらせて寝かせることは、その流れを阻害してしまいます。

また、からだを丸めることによって、肩が巻き肩になります。単に猫背になるだけではなく、鎖骨が見えない、首が短く見える、そして腹式呼吸ができない肋骨の高いぜんそく体型の原因を作ります。

からだを丸めることによる内臓の圧迫と、呼吸器の発達不全も心配です。以前、ある年代の赤ちゃんたちに伏せ寝がはやったことがありました。このときも、伏せ寝のほうが頭の形がよくなるといわれて、伏せ寝が流行したといわれています。

私の臨床経験では、その年代の子どもたちは、他の年代の子どもたちに比べて、ぜんそくの発生率があきらかに高くなっていました。

伝承医学の中国医学でも、伏寝は肺病を作るといわれています。

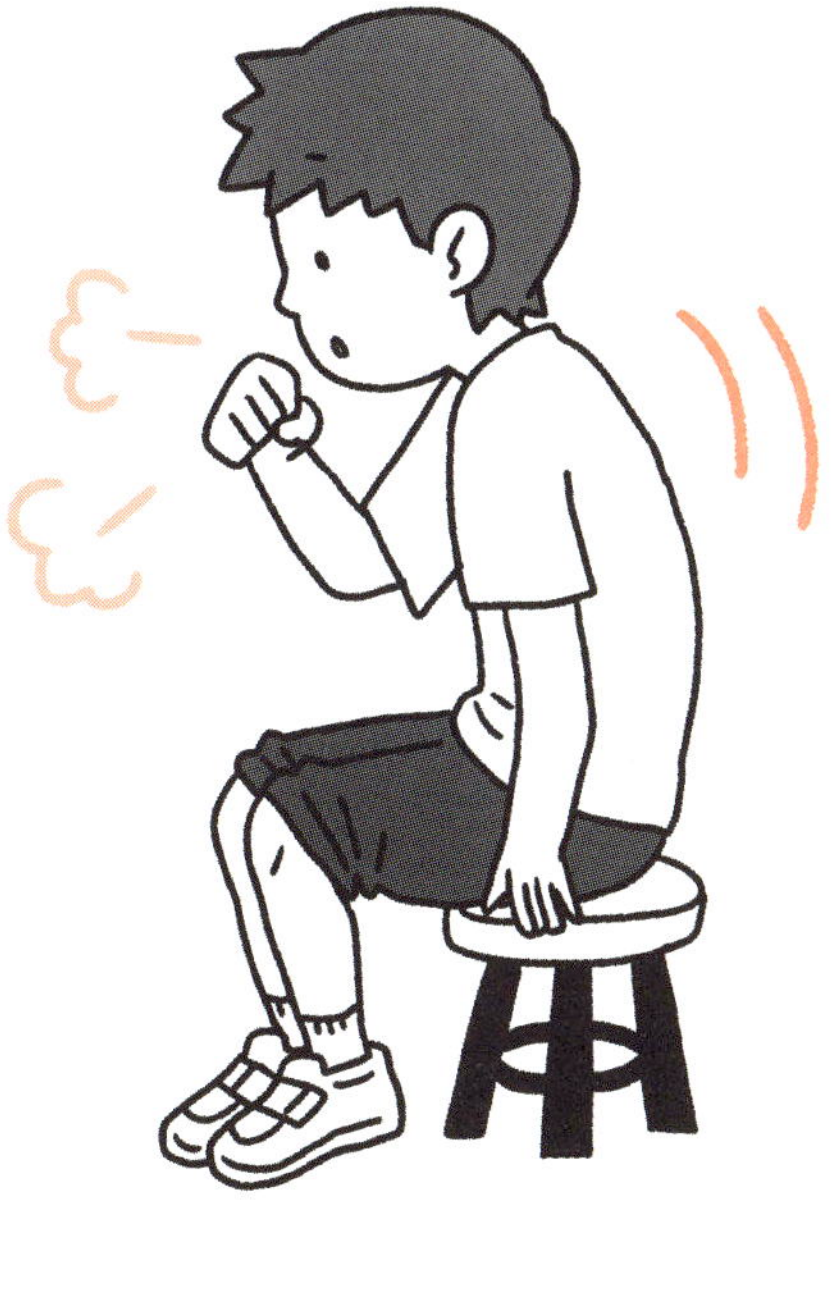

04

抱っこの仕方でも、からだはゆがむ

寝かせるときだけではなく、赤ちゃんを抱くときにも注意が必要です。**抱き方の偏りで、小さなときからからだに変なクセがつかないように、正しい抱き方を覚えましょう。**

赤ちゃんを横に抱くと、やはり背中が丸まってしまうので、背骨に影響が出ます。赤ちゃんを抱くときには、背骨に腕を沿わせて縦に抱っこしてあげてください。赤ちゃんも安定しますし、親御さんもその抱き方はからだに負担が少なく楽に感じると思います。

小さいときに背中を丸めるクセがついた子は、座ったときにも背中を丸めてしまうようになることが多いので、床の上や椅子での座り方も正しくしつけてあげたいものです。

床の上に座るときは、ざぶとんを三角形にして、その角を股間ではさむようにして座らせると、腰が立って背筋がきれいに伸びます。

背筋が伸びている状態は、子どもには「頭の上から糸で引っ張られているような感じ」と伝えるとわかりやすいでしょう。

椅子に座るときは、深く腰をかけさせます。背もたれは使わず、お尻の穴をきゅっと締め、尾骨の先にしっぽが生えているイメージで、しっぽをお尻でふまないようにと伝えてあげてください。右足と左足の先は前をまっすぐ向き、膝頭も正面を向くように意識しましょう。最初のうちは、両足の間に

ティッシュ箱をはさんでおくのもよいでしょう。足先が左右にずれるのを防げます。ここでも、ざぶとんを使うとよいでしょう。

いずれにしても、お子さんに「まっすぐ座って」「いい姿勢をしなさい」のような漠然としたことばで伝えるのではなく、実際に足がどちらの方向を向けばいいのか、膝頭がどちらを向けばいいのかといった、わかりやすいことばで伝えてあげてください。

正しく座るのを補助してくれるクッションを使うのもよいのですが、ほとんどが大人向けの、腰痛予防のものだったりします。

子ども向けのよいものがなかなかなかったため、私たちのところで開発したものがあります。お子さんの姿勢が悪いなと感じたら、こういったものも検討してみてください。

参考／アモト教育健康株式会社　http://amoto.co.jp

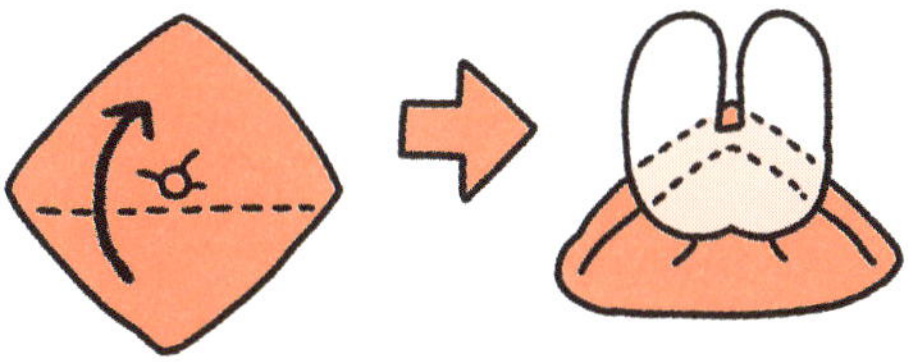

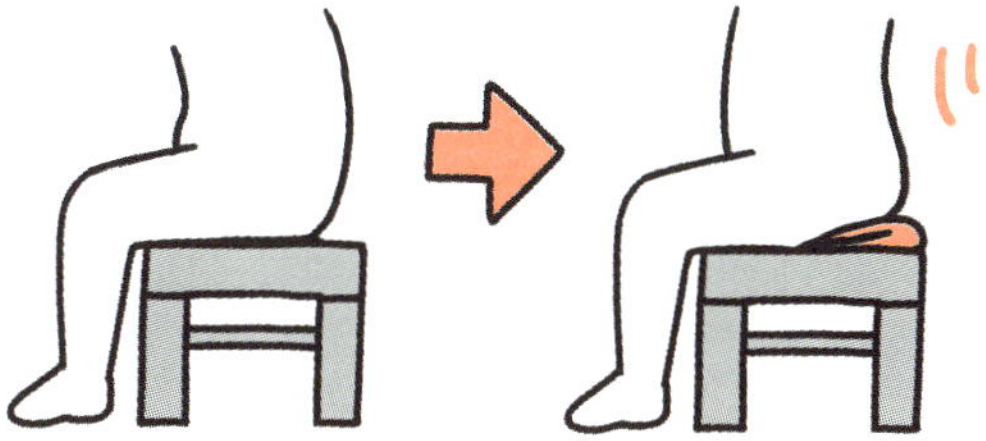

05 寝ているときに手足のチェック

赤ちゃんを抱いているとき、あるいは、赤ちゃんが寝ているときに、手を観察してみてください。ぎゅっと強く指を握りしめて、じゃんけんのグーのようになっていないでしょうか。

赤ちゃんは、基本的に指を握りしめるものですが、その力が強すぎるようだと、からだにも悪影響が出てきます。

もし、立ったり歩いたりするようになってからも、寝ているときに手を握りしめるようであれば、すでに、からだにゆがみが出ているはずです。

乳児のときだけではなく、幼児になってからも、ときどき手のひらチェック（134～135ページ）をしてみてください。

指をぐっと握りしめるクセがある子は、肩が巻き肩になりやすくなります。肩が内側に入ると、首の骨がずれて首が前に出てきます。肩甲骨も前に引っ張られて背中が丸くなり、さらに肋骨があがって広がりやすくなっていきます。

手の握りが強すぎると、この本で何度もお伝えしている、ぜんそく体型になりやすくなります。

強く指を握るクセがある子どもの手は、ときどき大人がストレッチをして、力を抜いてあげてください。

06 手のひらを広げるストレッチ

子どもの手の指をとって、1本ずつ優しくストレッチをしていきます。

①親指と人差し指は、外側に広げます。

②中指はねじらずに、まっすぐ奥側に下げます。

③小指は親指や人差し指と逆方向に広げます。

このとき、薬指だけはもともと他の指と少し構造が違っているので、ストレッチをかけません。

自分でストレッチができるような年齢であれば、テーブルを使って指を伸ばす方法も簡単でおすすめです。

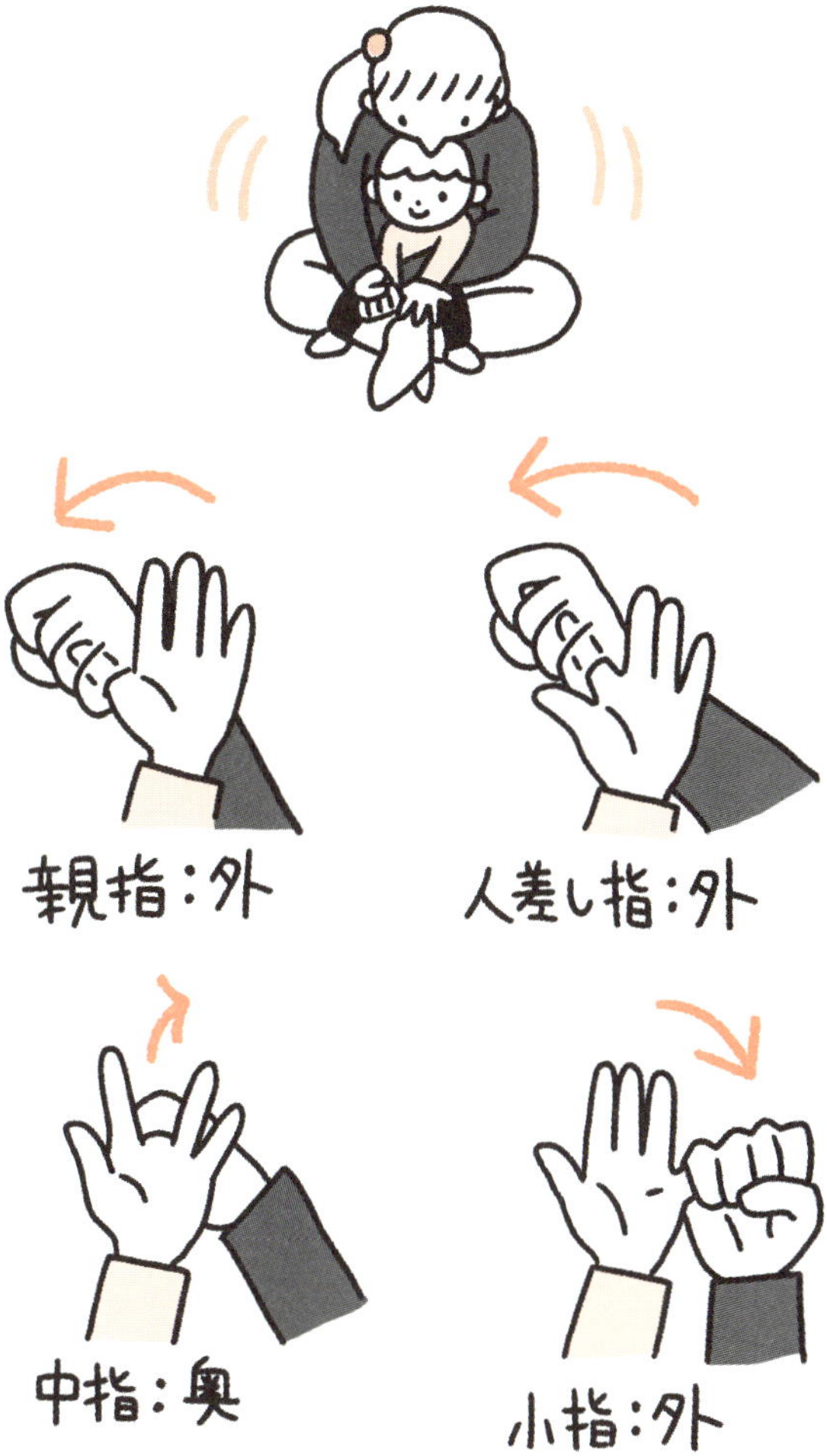
親指：外
人差し指：外
中指：奥
小指：外

この場合は、薬指以外の指をテーブルの端に置きます。薬指は外して、テーブルの端から落としておきます。

この状態で、上から少しずつ体重をかけていきます。自然と指が広がって、力の入った指先が開いていきます。

07 指のクセは、将来の大病につながる

ひとくちに「指をぎゅっと握るクセ」があるといっても、右手のほうが握りしめる力が強いのか、左手のほうが握りしめる力が強いのか、子どもによって差があります。

また、同じ右手の５本の指のなかでも、より力が強く入っていたり、右や左に曲がってとなりの指によりかかっているような指もあります。

「そんな細かいことを気にする必要あるの?」といわれそうですが、実は、大人になったときに指のクセが原因でからだが動かなくなったり、不調を訴えたりする人はとても多いのです。

たとえば、ある30代の女性はもともと肩こりがひどくて、手や指のしびれがひどくなったので病院に行ったところ、頸椎椎間板ヘルニアと診断され病院で手術をすすめられました。

彼女は手術をしたくないと私のところを訪ねてきたのですが、カウンセリングをしたら、ヘルニアの原因は指にあることがわかったのです。

彼女は美容部員でした。そして、十数年間、人差し指と中指と薬指を使って、コットンをはさんでお客さまにメイクをしていたことで、知らず知らずのうちに、指の骨に強い負荷がかかっていたのでした。

ためしにコットンをはさむ指の動きと逆側に指を動かしてもらったら、一瞬でしびれが消え、再度病院を受診したときにはヘルニアはなくなっていたそうです。

このように、大人になってからの指のクセでさえ、不調となってからだに現れてきます。子どものころから指にクセがあって、それが長年続くのだったら、なおさらからだへの影響が心配です。

ですから、子どものうちから、正しいからだのしつけをしておくことが大事なのです。

08 子どもの指のクセをチェック

子どもの指のクセをチェックするためには、子どもを椅子に座らせ、手のひらを上にして力を抜き、膝の上にストンと手を落としてもらいます。

左右どちらの指のほうが曲がっているでしょうか？


多くの子どもは、利き手の指のほうが曲がっているはずです。なので、その利き手のほうを、できるだけ広げるストレッチをしてあげましょう。

利き手の指のなかでも、より強く曲がる指があれば（薬指以外で）、その指を重点的に伸ばしてあげるとクセがとれていきます。親御さん自身もやってみてください。

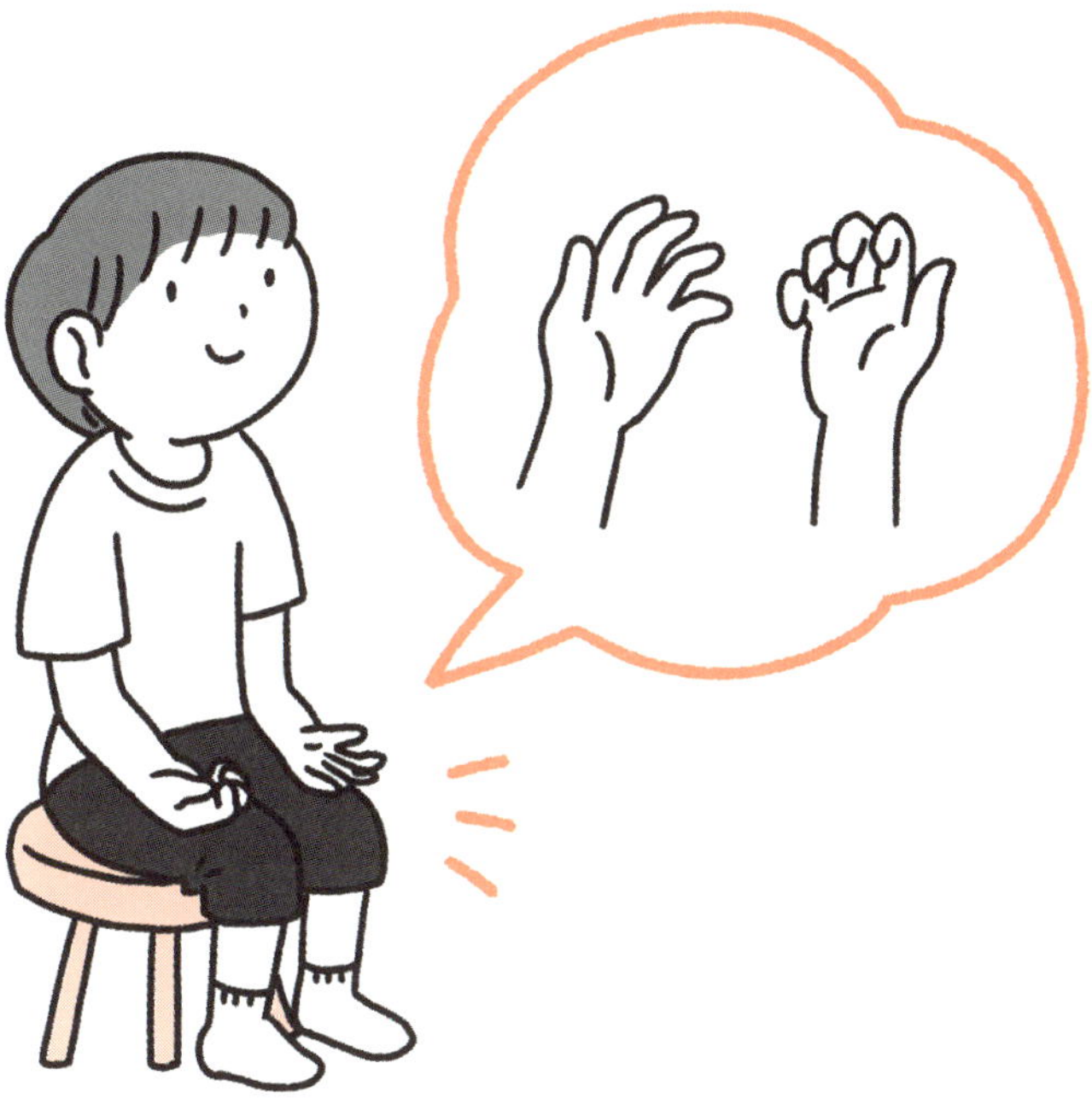

09 握り込み以外にも いろんなクセがわかる

子どものうちから、というより、0歳児のころから、からだにはさまざまなクセが現れているものです。

それを一番チェックしやすいのは、先ほどいったように、**子どもが寝ているときです。**

先ほどの膝の上にぽんと手を置いたときの手の形でも手のクセはわかるのですが、子どもが寝ているときの手の形を観察すると、無意識の状態なのでよりその子のクセがわかりやすいのです。

子どもによっては、手だけではなく、足の指をぎゅっと握るクセがある子もいます。この場合は、手と同じように足の指をぐっと外側にそらすようなストレッチをしてあげましょう。

66〜67ページでお伝えしたような、膝頭の方向が内側や外側にねじれていないかどうかや、肺が高くないか、お腹に呼吸が入っているかなども、寝ているときに一度チェックしてみてください。

10 枕ってなに？

実は、健康な人に枕は必要ありません。

ただし、大人も子どもも、背中の丸まりの分、寝たときにどうしてもあごがあがります。そのため、そのまま寝ると口がぽかんと開いてしまいます。

そういうときは、バスタオルやハンドタオルを枕のかわりにして、あごが引く高さに調整してあげましょう。

高すぎる枕は背中を丸まらせてしまうので、気をつけてください。また、低反発の枕は自然な寝返りのじゃまをするので私はおすすめしていません。

11 寝相は悪くておおいに結構

子どものうちは寝相が悪いものです。寝返りを何度もうったり、起きたときに、頭と足が逆さまになっている子もいるでしょう。

夜中に暑すぎて何度も寝返りをうっているといったケースでない限りは、寝相は悪くて結構です。

というのも、**赤ちゃんや子どもは、起きているうちについたからだのゆがみを、寝返りをうったり、伸びをしたりといった、からだを動かす行為でほぐしているからです。**

赤ちゃんや子どもには、大人以上に自然治癒力が備わっていて、自分の持って生まれた力で正しいからだに戻ろうとしているんです。

大人になると、どんどん寝返りをうてなくなっていくのは、その自然治癒力が落ちているからです。

ですから、子ども時代の寝返りや寝相の悪さは、むしろ安心要素と思って見守っていてあげてください。

12

足湯で寝つきがよくなる

寝つきが悪い子どもには、足湯をしてあげるといいでしょう。

よく遊ぶ子に多いのですが、からだが火照っていると、その熱がなかなか落ちずに興奮状態が続き、寝つきが悪くなります。そういう場合は、足だけをゆっくり温めてあげると、自然とからだの熱がとれ、頭にのぼった血がさがって寝つきがよくなります。

これは余談ですが、昔から男の子はよく外で遊んで暴れてくるので、その熱を冷ますために藍の着物を着せたといわれています。藍染は防虫作用もあります。男の子は草むらや林のなかなど、虫が多いところにも行ったりするので、藍染めの服を着せるのは理にかなっていたんでしょうね。

逆に女の子は将来子どもを産むようになることもあり、からだを冷やさないようにするために、赤いおべべを着せました。ウエストから下に巻きつける「お腰」も紅花で染めた赤い布で作られていましたが、あれもやはり冷えないようにするためです。

昔の人のからだを守るための知恵が、子どもの服装にも現れていたのですね。

第7章

靴は硬ければ硬いほうがいい

01 間違いだらけの日本の靴事情

私は、子どものころから何不自由なく欲しいものを食べさせ、欲しいものを与え、泣かせず、菌に触れさせず、清潔に育てればいいとは思っていません。

アトピー、ぜんそく、脚のゆがみ、骨盤の開き……。これらはむしろ、**過保護な親御さんに、手をかけて育てられているから起こっている現代病ともいえるからです。**

でも、たったひとつだけ、「これだけはケチらずにお金をかけて」といいたいものがあります。

それが「靴」です。

日本の靴事情は、欧米のそれに比べて100年以上は遅れています。それはそうですよね。明治維新まで、日本人は西洋の靴を履いたことがなかったので、靴に対する知識が遅れているのです。

たとえば、今から17年前、ドイツでは子どもが18歳になるまでは、メガネと靴の足型にかかる料金が無料でした。日本の医療費のように、国が眼と足にかかるお金を保障してくれていたのです。

つまり、それくらい、靴が子どもの発育や骨の形成に対して重要な位置を占めていると認識されているのです。

02 海外のファーストシューズは革靴

海外では、赤ちゃんが歩けるようになったらすぐにファーストシューズを履かせます。そして、**このファーストシューズは、基本的に革靴です。**かかとが硬くて足首がしっかりホールドされ、指先はやわらかいものが、赤ちゃんの足の形成にとってベストだと考えられています。

というのも、赤ちゃんのころは、まだ骨が発達し切っておらず、足首がまだぐらぐらしています。3歳まではまだ骨がやわらかく、レントゲン写真をとってもはっきりとは骨が写ってきません。かかとの硬い靴を履かせることで、このやわらかな赤ちゃんの足首に変なクセがついてしまうのを防げるのです。

「子どものころにやわらかい靴を履かせてはいけない」というのは、靴文化を長年続けてきた世界各国では常識です。

保育園や幼稚園でよく指定される、ふにゃふにゃの室内履きを履かせているのは日本くらいなものです。あのようなかかとがやわらかい靴を履かせてしまうと、間違った方向に骨が曲がっても歩き続けることができてしまいます。

「小さい子どもに硬い靴を履かせるなんてかわいそう」と、できるだけ足にやわらかくフィットする靴を選ぶ方が多いのですが、私からすれば「そんなやわらかい靴を履かされてかわいそう」と思ってしまいます。

子どものころにかかとが固定されず、足首が曲がった間違った歩き方を続けると、それが取り返しのつかないからだのゆがみや病気へとつながっていってしまうからです。

03 おさがりの靴はNG

兄弟のおさがりの靴を使ったり、すでに誰かが履いた靴を譲ってもらうのは絶対にやめてください。

なぜなら、おさがりの靴には以前その靴を履いていた子の歩き方のクセがついているからです。かかとがすでにすり減っていて靴自体が傾いていることもありますし、中敷にも前の子どもの足の形がついています。

そんな他人の靴のクセに合わせて子どもが歩くようになったら、つくべき正しい筋肉もつかなくなります。

とくに、それまでハイハイしていた子が歩き始めるときは、今まで使ったことがない筋肉を初めて使う大事な時期です。

そのときに、他人のからだのクセが残った靴を使っていると、その靴に残された前の持ち主のクセが、お子さんのからだを痛めてしまいます。

とくに、兄弟間でおさがりを与えることは、遺伝的なクセをより強化していくことになるので絶対にさけてください。

04

靴選びはかかとの硬いハイカットシューズを

それでは、どんな靴を選べばいいのかというと、**基本は運動靴です。**できるだけかかとの硬い靴を選ぶようにしてください。ハイカットシューズであれば、なおよしです。足の指先は自由に動いたほうがいいので、指先はやわらかく折れるものを選びましょう。ひもやマジックテープで甲をしっかりと締めることができるものがおすすめです。

そういう目線で日本の乳幼児の靴売り場を見渡すと、ほとんどの靴がやわらかすぎて、子どものからだに悪いものが大半です。

すべてではありませんが、安価な靴にはあまりいいものがありません。その点、ＪＩＳ規格のものはきちんとしています。見た目のかわいさやカラフルさにだまされないでＪＩＳ規格の運動靴をおすすめします。靴のデザインを子どもに選ばせるのは、いかがなものかと思います。

サイズが合わない靴を履かせることも、からだのゆがみにつながっていきます。

靴が小さくなってきたら、足の指がグーの形に曲がってきます。この状態で歩き続けていると、足の指の骨に大きな負担がかかってきます。足のサイズはまめに測って、靴を買ったときよりも少しでも大きくなったら、買い替えどきだと思ってください。

反対に、どうせすぐに大きくなるからと大きめの靴を買うのもさけてください。せっかく硬い靴を選んでも、サイズが大きかったら、靴のなかでまだやわらかい足が間違った方向に曲がってしまうからです。

かかとがすり減ったらもちろんですが、かかとがやわらかくなったときも買い替えどきです。そのまま履き続けていると、その靴で歩きやすい方向に骨が曲がっていきます。

ちなみに、左右の足のサイズが違う子もたくさんいます。海外では、右足と左足のサイズが違う靴を買うことも珍しくありませんが、日本では左右でサイズの違う靴を買うことは今のところ難しそうです。その場合は、大きいほうに合わせるようにしてください。

子供の靴の横幅については、Eや3Eなどサイズのバリエーションがほとんどありません。合う幅の靴を見つけたら、なるべくその同じメーカーの靴を履くことをおすすめします。

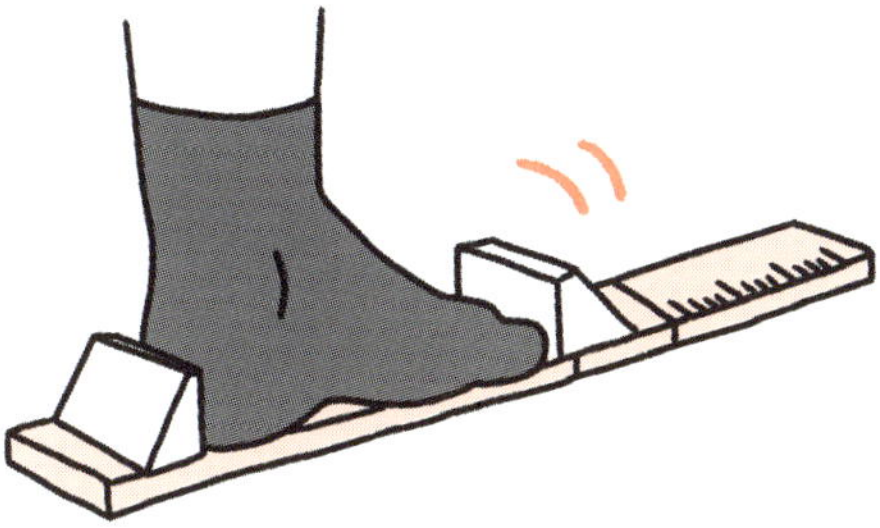

05 足型で運動ができる子に

保育園や幼稚園で指定される、やわらかい上履きは、たしかに経済的です。すぐ足が大きくなる子どもの靴は、買い替えも大変だから、安価なあのシューズにも一定の功績があるとは思います。

ただ、からだのことを考えたら、足首がぐらぐら動くあのような靴を履かせるのはさけるにこしたことはありません。

私は、**どうしてもあのシューズを履かなくてはいけないお子さんには、足型をおすすめしています。**

足型とは、靴のなかに入れるインソールのようなものです。正しい足型を入れれば、多少やわらかい靴でも重心が安定して、足がゆがんでいくのを防ぐことができます（もちろん、かかとの硬い靴にさらに足型を入れるのがベストではあるのですが）。

靴の間違いやかかとの位置のゆがみは、全身の筋肉のバランスを壊していきます。なので、前後左右に軽く押されただけでふらつくようになってしまいます。でも、正しい靴や足型を入れている靴で立っていると、しっかりと強く押されてもまったくふらつきません。これは実験してみればわかるのですが、それくらい、いい靴や足型を入れた靴を履いていると、からだが安定します。

私が足型をおすすめして、実際に足型を作った子どもたちは、スポーツ面でもめきめき頭角を現していきます。

陸上で県の記録を出した、野球で選抜メンバーに選ばれた、サッカーで特待生になったという話をよく聞きます。それくらい、足が安定すると、スポーツでも力を発揮できるのです。

　ただし、そのような報告をしてくれる親御さんには、一言お伝えすることにしています。「それ、足型の効果が大きいですから、お子さんの生まれつきの才能だけだと思わないほうがいいですよ」と。

　足型を入れているお子さんは、全身の筋肉がうまく使えているために他の子よりよくできているだけ、たとえばプロとして通用する本当の資質があるかどうかは、また別に見極めなくてはいけません。

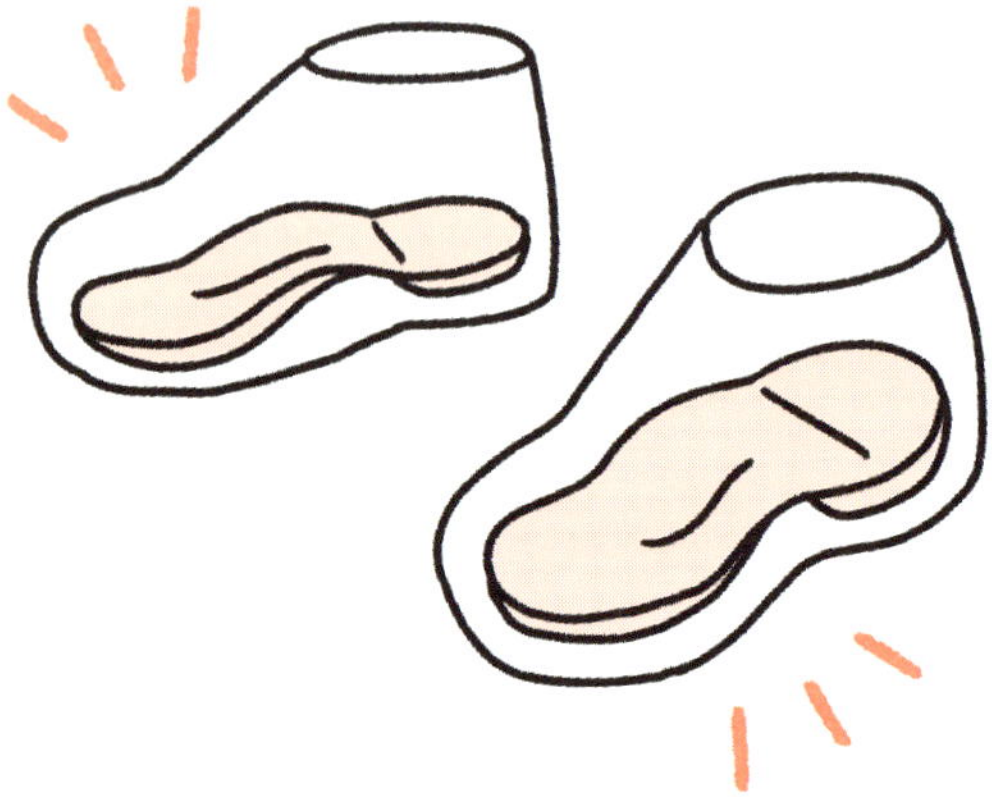

06 よい足型は救世主

自分に合った足型を入れると、立ち方や歩き方が安定したり、スポーツ万能になったりするだけにはとどまりません。

正しく立ち、正しく歩くことができたら、それは、からだ全体の骨にいい影響を与えます。

からだの骨は、ひとつひとつ独立しているわけではなく、すべてつながっています。ですから、たとえば腰痛がひどいからといっても、腰の骨のねじれだけをとればいいというものではありません。

腰の骨が逆方向にねじられたら、そのひとつ上の骨、その2つ上の骨……

と、すべての骨に影響していきます。だから、腰痛はよくなっても、今度は腕があがらなくなったり、肩が痛くなったりするのです。

家の土台が傾いたら家そのものも傾きます。足のかかとの位置は、家の土台にあたります。たとえば、片足はパンプス、片足にぞうりを履いて歩くと、どのような姿勢になり、どのような歩き方になるでしょうか？

仮に歩いたり走ったりできたとしても、からだはなんとかバランスを取ろうとして、全身のどこかに負荷がかかり、それが蓄積してからだが壊れていくことが想像できないでしょうか？

かかとの問題は、それほど大事なことなのです。

この足型ですが、日本でしっかりとしたものを作れるメーカーは限られています。最近では、さまざまなところで足型が作られるようになりましたが、作り方や考え方がそれぞれ異なることを知っておいてください。

私は、足にフィットした靴を作るメーカーとして有名なビルケンシュトックのもととなった、ランガーというアメリカの会社の取扱店を通してオーダーしています。また、京都の義足の会社である日本フットケアサービス株式会社でもランガーと同じ考え方の足型をオーダーできます。

お子さんの足の大切さを多くの方に認識していただき、声をあげていく。そうすることで、しっかりとしたファーストシューズを始めとした子どもの靴や足型が普及していくことを願っています。

繰り返しになりますが、私が子育てに関してお金をケチらないほうがいいと思うのは、靴（足型）だけです。靴だけは、お子さんのからだの一生を決める大事な要素なので、がんばってからだにいいものを選んであげてください。

07
裸足教育は、凸凹の道なら意味がある

かかとは硬いほうがいい。ハイカットでできるだけ足首を固定したほうがいい。歩き始めたらかかとの硬い室内履きを用意するくらいでもいい。このようなことをいうと必ず「では、靴を履かない裸足教育はダメなんですか？」と聞かれます。

裸足教育について触れるには、人間の脳のセンサーについて説明する必要があります。

実は、人間の脳のセンサーはすぐれもので、自分がこれから歩く道をぱっと見ただけで、その道がどれくらい凸凹か、足をおろしたときにかかとのどこで着地できるかを瞬時に判断して、その凸凹道で足をくじかず歩けるように脳から指令を出し、かかとの方向を微調整して地面に着地させています。

昔の山道や、舗装されていない砂利道をよく歩いていた人たちは、このセンサーが発達していて、それぞれの道にふさわしい足の着地方法で歩いていました。かかとも、地面の形状に合わせていろんな方向に柔軟に動いて、その都度最適な着地をしていたので、一方向に変なクセがつくこともありませんでした。ですから、ある程度起伏のある場所を裸足で歩かせるのであれば、裸足教育もいいと思います。

しかし、現代は生まれて死ぬまでほとんどフラットな（平らな）ところで生活しています。ですから、足の骨のやわらかいまだできあがっていない幼い子どもたちにとって、その環境での裸足は、足を守る靴がないと、一生のからだのゆがみを作ることになっていきます。

まっ平らな場所を裸足ですごすだけでは、どちらかというと、利よりも害のほうが多いように思います。

また、裸足と同様に、今の足の形に合わせたオーダーメイドの靴は、すでにあるゆがみを固定させる危険な靴であることも知っておいてください。

08

急いで立たせない、急いで歩かせない

赤ちゃんがつかまり立ちをして、よちよち歩く姿はとてもかわいいものです。同じくらいの月齢の子が歩き出すと、うちの子はまだなのかと焦り、歩行器などで練習させることもあると聞きます。

「はえば立て、立てば歩めの親心」などといいますが、**その子のからだのことを考えるのであれば、歩くことを急がせる必要はありません。**

むしろ、早く歩かせれば歩かせるほど足には負担がかかりますので、必要以上に急いで歩かせないのがいいでしょう。

足の骨の発達という点からすると、歩行器は、早く歩かせるためというより、早く歩くようになってしまったときに使うことをおすすめします。

自分でしっかり立つ（1歳前後）ようになるまでは、まだ足全体の骨がやわらかい状態です。

この状態でたくさん歩くと、足の骨格に変なクセがついてしまうことがあります。そのため、あまりにも早く歩き始めたときは、足全体を床につけるのではなく、つま先だけが床に接する高さに設定して歩行器に入れてあげるとよいでしょう。

09

学校で教わる「気をつけ」は要注意

ちなみに、保育園や幼稚園、学校で教わる「気をつけ」の姿勢を間違っている子もたくさんいます。

「気をつけーっ!」と、大声で号令されるからかもしれませんが、お尻をぎゅっと後ろに突き出し、胸を張って背骨をそらせるように立ちます。しかしこれは間違った姿勢です。この立ち方を続けていると、恥骨がさがり浮き腰になり、体重が前によっていき、内股になりやすくなります。

また、この「気をつけ」のときに、足を「ハ」の字にするように教える学校もありますが、足を「ハ」の字にすると、膝が外側に向かい、からだのゆがみを生んでいきます。

正しい「気をつけ」の姿勢は、まず、お尻の穴をキュッと締めて口をつぐみ、あごを引いて頭のてっぺんから糸で引っ張られているイメージで立ちます。そして、両方の足が「ハ」の字ではなくほぼ平行、足先が前を向いている状態です。

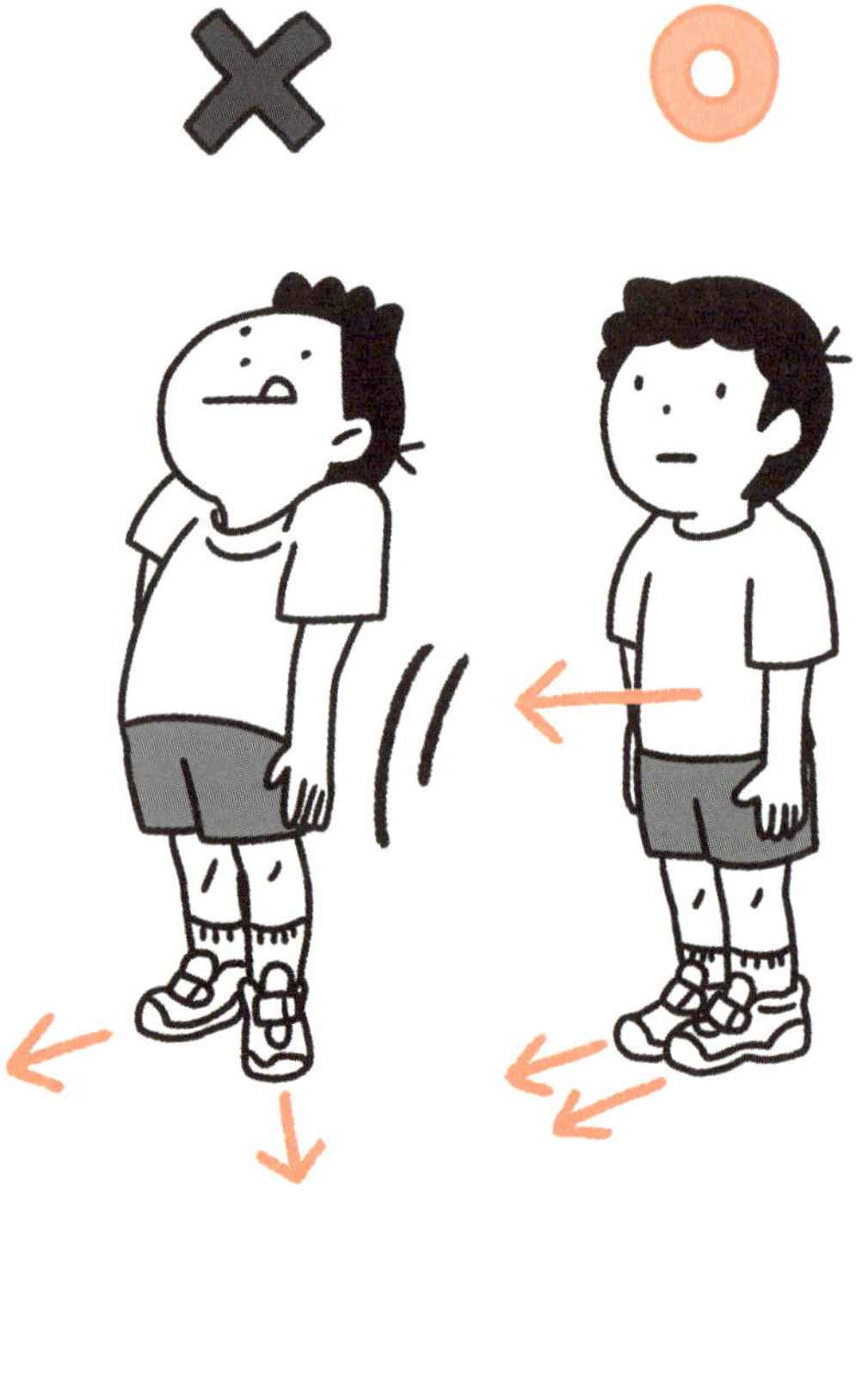

第8章

スポーツは楽しむ程度が一番よい

01 スポーツ選手は姿勢がよい、は間違い

なんとなく「スポーツ選手は姿勢がいい」と思っているかもしれませんが、それは思い違いです。

スポーツ選手は、一流になればなるほど、そのスポーツにふさわしい筋肉、そのスポーツにふさわしい骨にからだを最適化させ、変形させています。

たとえば、サッカーでボールを上手に蹴るためには、足首を固定することになります。それがクセになると、屈曲しにくいからだになり、からだを揺するように歩くようになっていきます。

水泳選手の逆三角形のからだにしても、筋骨隆々でたくましいと感じるか

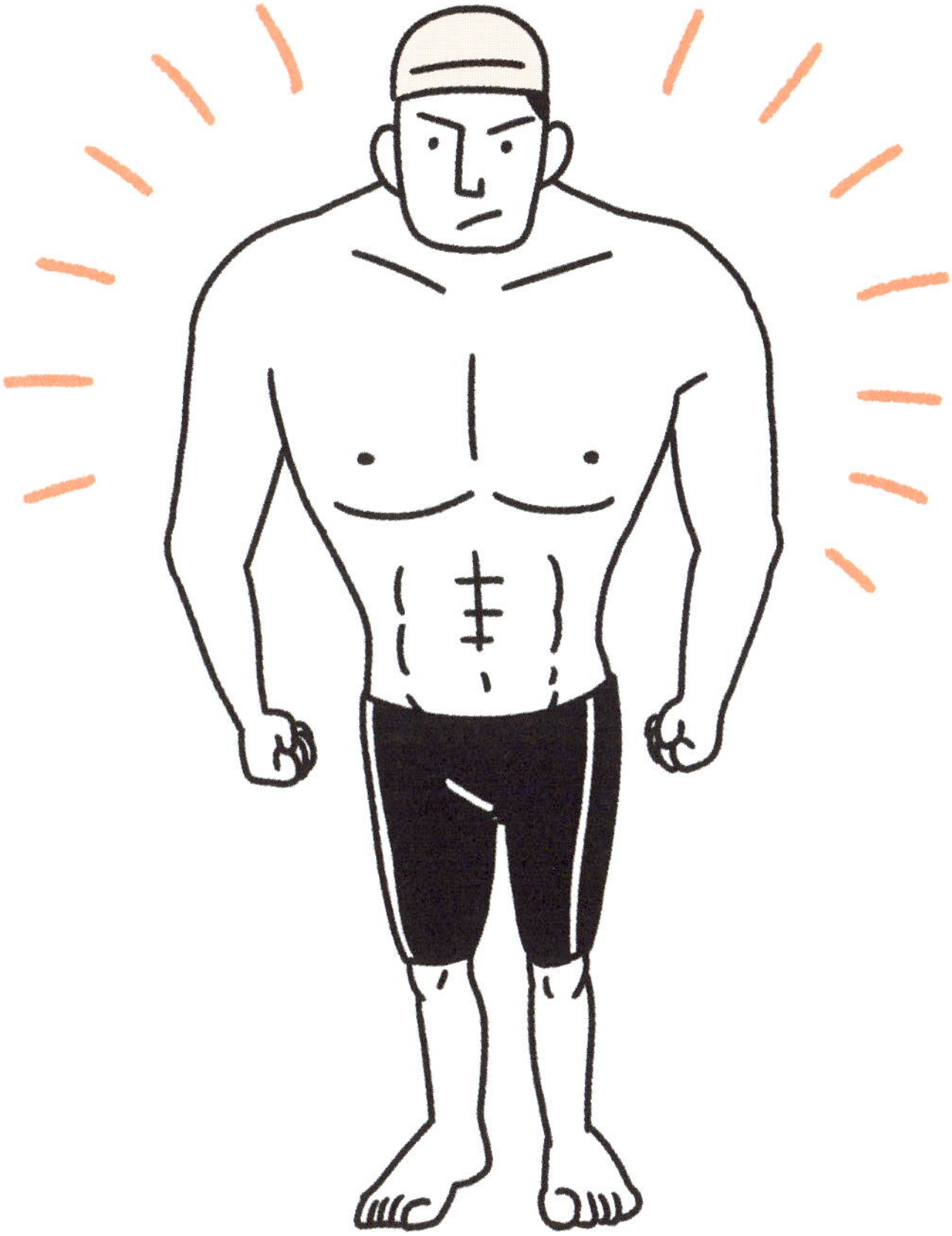

もしれませんが、骨格のことを考えると、肋骨が極端にあがって広がったからだだということになります。スポーツジムで鍛えて脇が閉まらなくなるというのも、筋肉がついたわけではなく、肩甲骨が広がって骨がゆがんでしまったからということがほとんどです。

スポーツ選手のからだは、そのスポーツをするのに一番ふさわしいからだになっているのです。

そして、あるスポーツに特化して鍛えられたからだは、そのスポーツに強くなるためのからだであって、健康な生活をおくるためのからだとは、また全然違います。

ですから、スポーツをがんばった人ほどからだを壊して病院通いや整体通いをしていますし、現役を退いたあとに、からだの不調と闘っている人も少なくありません。

ダンスや舞踊も同じです。それは、ダンスや舞踊を美しく表現するための姿勢であって、健康になるためのものではありません。

02 スポーツやダンスをするならまんべんなく

スポーツやダンスをすることは大変いいことなのですが、プロを目指すようなハードさで、幼いころからスポーツをさせる場合は、代償を覚悟してください。

先にいったように、ある一定の筋肉を鍛えるようなスポーツやダンスは、間違いなく子どものからだをゆがませていきます。

なにがなんでもお子さんをプロにしたいと思うのであれば別ですが、そうでないなら、スポーツは楽しいと思う程度、気持ちいい汗をかく程度と思っていたほうが、からだを壊しません。

「楽しい程度の運動」というのは、アーユルヴェーダ医学の提唱するものです。

海外では、幼いうちは、ひとつのスポーツに打ち込ませすぎないように、学校の授業でもなんでも、あらゆる種類のスポーツを体験するようにプログラムされています。

女の子がアメフトを経験したり、男の子がダンスを経験したりと、からだのいろんな部位を使うように意識されているのです。

同じ時間スポーツをするのであれば、ひとつの種類だけではなく、できるだけいろんなスポーツに触れられるようにしてあげてください。

ことスポーツに関しては、親御さんの夢をお子さんに押しつけがちです。

自分で決めたことを守る力や、ひとつのことをやり遂げる力も大切なものなので悩むところではありますが、足の骨格ができる13歳までは、練習のハードなスポーツやダンスは避けたほうがいいと私は考えています。

03 水泳も種目を偏らせなければOK

子どものころによくすすめられる運動に、水泳があると思います。
過去に側弯症で背骨が曲がっている女の子が、「水泳であれば全身運動だし、左右のバランスも悪くないから」とお医者さんにすすめられたといっていましたが、水泳も種目によって使う筋肉に激しく偏りがあります。

えてして、平泳ぎが得意な選手はクロールが苦手で、クロールが得意な選手は平泳ぎが苦手です。

これは、平泳ぎは脚をガニ股にするのに対して、クロールはバタ足で、脚を内股ぎみに使うからです。脚の使い方が真逆なのです。

両方の種目を同じくらいやるのであればからだのバランスもとれるのですが、どちらか片方だけを集中して練習すると、よりからだのゆがみを強調していくことになりかねません。

からだのことを考えると、子どものうちは、いろんな競技、いろんな種目に触れさせて、偏った筋肉や骨を作らないように配慮してあげるのがいいと思います。

04 からだはやわらかいほどいい、というわけではない

運動と並んでからだにいいとされていることに、ストレッチがあります。柔軟性は、ないよりもあったほうがいいだろうというのです。でも、このストレッチも、やりすぎはからだによくありません。

たしかに、私が診てきた一流とされる方たちは、みんなゴムまりのような弾力のある、やわらかいからだをしていました。ただし、からだがやわらかければやわらかいほどいいかというと、そういうわけではありません。

関節や腱、筋膜がやわらかすぎると、普通だと曲がってしまわないような方向にも骨が動けてしまうので、からだが大きくゆがんでしまうこともあり

ます。

もちろん、からだが硬い場合は関節が動きにくくなるので、ストレッチでほぐしてあげるのもいいでしょう。

ただし、なにごとも極端にやりすぎるというのはよくありません。柔軟性についても、ほどよいバランスが肝心です。

あとがき

刺激に慣れていないと、本当の刺激がストレスになってしまう

ウォーキングがからだにいい、水泳がいいなど、○○健康法がはやるたびに、私のところへやってくる患者さんが増えてしまいます。そして、そのほとんどが、○○健康法をやりすぎてしまったためにからだを壊してしまった方たちです。

どんなことでも、ひとつのことをやりすぎることにいいことはありません。ほどほどが一番なのです。

お子さんをちょっとした刺激から守りすぎる「過保護」についても同じことがいえます。ちょっと大きな音や、明るい光などがストレスになるかもしれないという気持ちはとてもよくわかります。しかし、こういったものはむしろ、お子さんの五感を豊かにする刺激なのです。

こういったちょっとした刺激に慣れていないと、大きくなったときに出会う本当の刺激が、ストレスになってしまいます。

今の親御さんたちを見ていて、本当に大変だなと思います。あれがいい、これがいい、あれはだめ、これもだめ、といった情報があふれ、どうしても神経質になってしまいますよね。

でも、なにごともほどほどにと思えば、少し気が楽になりませんか？　常に人と比べて、いいとされることを完璧にやってあげるのはかえってよくありません。環境のあまりよくない国に生まれても、たくさんのよい子が育っています。

ほっといても子どもは育っていくものなのです。昔の日本人も、子どもに手をかけるひまなどないなかで、今の日本を守り、築きあげてきました。神経質にならないで、日々育っていく姿を楽しく見守っている親御さんのお子さんたちが、じつにのびのびとよい子に育っています。

いい「ことば」をかけてあげる

最後に、からだとは直接関係ないけれど、からだにすごく影響を与える要素について紹介させてください。

それは、「ことば」です。

あるとき、からだがものすごく硬く緊張していて、前屈がまったくできないお子さんがお母さんに連れられてきたことがあります。

骨格の矯正をしても、からだは硬いまま。実は、その子のからだの硬さは、親はもちろん学校の先生や友達からも、からだが硬いねといわれ続けていたことが原因だったのです。

ネガティブなことば、ネガティブな感情は、からだに緊張を引き起こします。そして、そのネガティブな感情は、思いもよらない形でからだに残り続けます。

先ほどの、からだの硬いお子さんは、ネガティブな感情を解放するセラピーを行うことで、全身の緊張がとれ、前屈で手のひらが床につきました。

子どもを叱ってはいけないということではありません。なにがよいことで、なにが悪いことかは、はっきりと教えてあげる必要があります。ただし、悪いのはお子さんではなく、お子さんがしようとしたことです。

たとえば、いたずらをした子に対しては、「あなたは悪い子だ」ではなく、「こういうことをしたら、人はどんな気持ちになる?」と考えさせてください。

相手をネガティブな気持ちにさせることばが、せっかくきちんとしつけたいいからだを一発でだいなしにしてしまうこともあります。

ですから、**「からだのしつけ」と同時に、いいことばをかけてあげるようにしていただきたいのです。**

お世話になった方々へ

読者のみなさま、最後まで読んでいただきありがとうございました。

この本のなかで繰り返し述べたことになりますが、今日の日本の足に対する考え方、教育は、欧米に比べてたいへん遅れています。まずは、かかとの位置の間違いから全身の骨格がゆがんでいくという事実を知っていただきたいと思いました。

靴に対する考え方の遅れは、靴を履くという歴史が浅いこともさることながら、靴は軽いほうがいいとか、今の自分の足の形に合わせるのがいいといった、間違った考えが消費者のなかにあり、メーカーもそれに合わせて生産をしてしまうことにもあるようです。靴は、5ミリ単位でのサイズ違いから色柄違いとたくさんの種類を製造する必要があり、採算性があまりよくありません。これに加え、子どもの足はすぐに大きくなるからと、裸足ではないという程度の安価な靴に飛びついたり、まだ履けるからもったいないとおさがりを抵抗なく与えたりという消費者の行動・知識のなさが、いい靴を作っても報われないという状況を作っています。このことが、子どもたちの健康を害していることを知っていただきたく思います。

メーカーに動いていただけるだけの声を消費者が持たないといけないことを、今回の取材を通して強く感じました。

ご協力頂きました日本フットケアサービスの大平吉夫社長、小田純生専務取締役、ありがとうございます。

また、私が足に関してはまったくの素人だったころから、30年にわたるおつきあいのなかで、アメリカの医療事情、カイロプラクティックはもちろん、フットドクターやシュードクターの事情や理論を教えていただいたり、どこに行っても治らず、経過観察といわれたままどんどん悪化していくお子さんやその親御さんたちに対し的確な対応をしていただいたり、子どもを含めた多くの方たちが普通の生活や運動ができるようご指導いただきましたランガー事業部の佐藤博信社長に心より感謝申し上げます。

今の私があるのは、今は亡き佐賀県の精神科医桑野敬吾先生、福井県の小児科医福本先生にたくさんのご協力と勇気をいただいたことにあります。

本書の制作にあたっては、七田チャイルドアカデミーの池袋、大塚教室の市原美歌先生や竹の塚、綾瀬教室の竹石睦子先生にもご協力いただきました。助産師の大同由紀子さんにもご協力いただき、麻貴ちゃんや梢ちゃん、そして、もうひとりの真希ちゃんにいたっては大切な幼いお子様をモデルにお借りするなど、たくさんの方々のご協力を得てこの本はできあがりました。本当にありがとうございます。

編集の堀部直人さんには長期にわたり根気よくおつきあいいただき、一緒に動き、考え、たくさんのアドバイスをいただきました。同社の方々や弁護士の原口先生のお子様にもご協力いただきました。とくに、ライターの佐藤友美さんには、自ら患者様となって骨格の勉強を始めていただいただけでなく、大切なお子さんを何度もお借りして臨床の確認を取らせていただきました。綿谷翔さんには、他社の編集者であるのにもかかわらずタイトルを一緒に考えていただきました。他にもたくさんの方々のありえないほどの協力によりこの本ができあがりました。心より感謝申し上げます。

そして最後に、この本は、私の知る限りの知識や思いに協賛していただき、多くの方に伝えたいという松下和彦さんの想いから始まりました。彼の存在なくしてこの本は生まれませんでした。このようなきっかけを作っていただき、長きにわたり多大なご協力をいただきましたことに心より感謝申し上げます。そして、心よりありがとうございました。

日本の未来の子どもたちの健康を祈ってペンを置きます。

玉木志保美

子どもが育つ からだのしつけ

発行日　2017年4月20日　第1刷

Author　玉木志保美

Illustrator　ふるやまなつみ
Book Designer　山田知子

Publication　株式会社ディスカヴァー・トゥエンティワン
〒102-0093 東京都千代田区平河町2-16-1 平河町森タワー 11F
TEL 03-3237-8321（代表）　FAX 03-3237-8323　http://www.d21.co.jp

Publisher　干場弓子
Editor　堀部直人（編集協力：佐藤友美）

Marketing Group
Staff　小田孝文　井筒浩　千葉潤子　飯田智樹　佐藤昌幸　谷口奈緒美
西川なつか　古矢薫　原大士　蛯原昇　安永智洋　鍋田匠伴　榊原僚
佐竹祐哉　廣内悠理　梅本翔太　奥田千晶　田中姫菜　橋本莉奈
川島理　渡辺基志　庄司知世　谷中卓　小田木もも

Productive Group
Staff　藤田浩芳　千葉正幸　原典宏　林秀樹　三谷祐一　石橋和佳　大山聡子
大竹朝子　林拓馬　塔下太朗　松石悠　木下智尋

E-Business Group
Staff　松原史与志　中澤泰宏　中村郁子　伊東佑真　牧野類

Global & Public Relations Group
Staff　郭迪　田中亜紀　杉田彰子　倉田華　鄧佩妍　李瑋玲　イエン・サムハマ

Operations & Accounting Group
Staff　山中麻吏　吉澤道子　小関勝則　池田望　福永友紀

Assistant Staff
俵敬子　町田加奈子　丸山香織　小林里美　井澤徳子　藤井多穂子
藤井かおり　葛目美枝子　伊藤香　常徳すみ　鈴木洋子　住田智佳子
内山典子　谷岡美代子　石橋佐知子　伊藤由美　押切芽生

Proofreader　文字工房燦光
Printing　シナノ印刷株式会社

ISBN978-4-7993-2063-1